Basiswissen Lernen im Sport

Reihe herausgegeben von
Nils Neuber, Institut für Sportwissenschaft, Universität Münster, Münster, Deutschland

Der Sport hat sich im 20. Jahrhundert zu einem zentralen sozialen Phänomen entwickelt, das weite Bereiche der Gesellschaft, wie das Freizeit-, Bildungs-, Gesundheits-, Wirtschafts- und Mediensystem, durchdringt. Die Ausprägungsformen des Sports sind nahezu unbegrenzt: Kinder- und Jugendsport, Schul- und Vereinssport, Freizeit- und Breitensport, Leistungs- und Wettkampfsport, Abenteuer- und Trendsport, Gesundheits- und Alterssport u.v.m. Entsprechend komplex sind die Rahmenbedingungen und Themen des Lernens im Sport. Die Lehrbuchreihe Basiswissen „Lernen im Sport" greift diese Voraussetzungen auf und gibt eine Einführung in zentrale Gegenstandsbereiche und Themen des Lernens im Sport. Dabei wird eine sozialwissenschaftliche Perspektive eingenommen und auf Teildisziplinen, wie Sportpädagogik, Sportdidaktik, Sportpsychologie und Sportsoziologie, zurückgegriffen.

In übersichtlichen und klar gliedernden Darstellungen finden Leserinnen und Leser einen komprimierten Überblick zum Fachgegenstand. Definitionen, zusammenfassende Übersichten und kommentierte Literaturhinweise helfen, das Gelernte zu vertiefen. Damit wird ein sicherer Einstieg in wichtige Begriffe und Themenfelder der Sportwissenschaft ermöglicht. Die Lehrbuchreihe Basiswissen „Lernen im Sport" richtet sich in erster Linie an Studentinnen und Studenten sportwissenschaftlicher Studiengänge, bietet aber auch Anknüpfungspunkte für verwandte Studiengänge, wie Erziehungs- und Sozialwissenschaft. Entsprechend orientiert sich die Konzeption der Bände am Arbeits- und Studienalltag von Studierenden und Lehrenden an der Hochschule. Darüber hinaus kann die Lehrbuchreihe auch von Schüler/innen, Lehramtsanwärter/innen, Lehrer/innen sowie Mitarbeiter/innen aus Sport, Jugendhilfe und Wohlfahrtsverbänden genutzt werden.

Nils Neuber

Fachdidaktik Sport

Grundlagen und Modelle

Nils Neuber
Universität Münster
Münster, Deutschland

ISSN 2662-5601 ISSN 2662-561X (electronic)
Basiswissen Lernen im Sport
ISBN 978-3-658-40213-6 ISBN 978-3-658-40214-3 (eBook)
https://doi.org/10.1007/978-3-658-40214-3

Die Deutsche Nationalbibliothek verzeichnet diese Publikation in der Deutschen Nationalbibliografie; detaillierte bibliografische Daten sind im Internet über http://dnb.d-nb.de abrufbar.

© Der/die Herausgeber bzw. der/die Autor(en), exklusiv lizenziert an Springer Fachmedien Wiesbaden GmbH, ein Teil von Springer Nature 2023

Das Werk einschließlich aller seiner Teile ist urheberrechtlich geschützt. Jede Verwertung, die nicht ausdrücklich vom Urheberrechtsgesetz zugelassen ist, bedarf der vorherigen Zustimmung des Verlags. Das gilt insbesondere für Vervielfältigungen, Bearbeitungen, Übersetzungen, Mikroverfilmungen und die Einspeicherung und Verarbeitung in elektronischen Systemen.
Die Wiedergabe von allgemein beschreibenden Bezeichnungen, Marken, Unternehmensnamen etc. in diesem Werk bedeutet nicht, dass diese frei durch jedermann benutzt werden dürfen. Die Berechtigung zur Benutzung unterliegt, auch ohne gesonderten Hinweis hierzu, den Regeln des Markenrechts. Die Rechte des jeweiligen Zeicheninhabers sind zu beachten.
Der Verlag, die Autoren und die Herausgeber gehen davon aus, dass die Angaben und Informationen in diesem Werk zum Zeitpunkt der Veröffentlichung vollständig und korrekt sind. Weder der Verlag noch die Autoren oder die Herausgeber übernehmen, ausdrücklich oder implizit, Gewähr für den Inhalt des Werkes, etwaige Fehler oder Äußerungen. Der Verlag bleibt im Hinblick auf geografische Zuordnungen und Gebietsbezeichnungen in veröffentlichten Karten und Institutionsadressen neutral.

Planung/Lektorat: Stefanie Laux
Springer VS ist ein Imprint der eingetragenen Gesellschaft Springer Fachmedien Wiesbaden GmbH und ist ein Teil von Springer Nature.
Die Anschrift der Gesellschaft ist: Abraham-Lincoln-Str. 46, 65189 Wiesbaden, Germany

Danksagung

Für die Unterstützung bei der Entwicklung dieses Lehrbuchs danke ich zunächst unseren Studentinnen und Studenten im Master of Education, die die Inhalte des Bandes mit ihren kritischen Nachfragen in der Vorlesung „Fachdidaktische Konzepte" einem permanenten Praxistest unterzogen haben. Clarissa Lamm, Tim Becker, Nele Welling und Frederike Kersten standen mir in allen Fragen der Textrecherche zur Seite und haben die Literaturverzeichnisse zusammengestellt. Tim Becker, Philipp Ciupke, Frederike Kersten und Nils Kaufmann bewiesen Geduld und Sachverstand bei der Gestaltung der Abbildungen. Kollegiale Rückmeldungen kamen von Kathrin Aschebrock, Ahmet Derecik, Franziska Duensing-Knop, Marion Golenia, Nils Kaufmann, Uta Kaundinya, Andre Magner, Michael Pfitzner, Esther Pürgstaller, Sebastian Salomon und ganz besonders von Kathrin Kohake, die alles gelesen hat. Kathrin Aschebrock hat die Schlussredaktion übernommen und dabei den Zitierstandard perfektioniert. Und meine Frau Frauke Neuber hat mir wie immer den Rücken freigehalten oder gestärkt, je nachdem, was gerade nötig war. Ihnen allen danke ich herzlich für ihre tatkräftige Unterstützung.

Münster
im März 2023

Nils Neuber

Inhaltsverzeichnis

1	**Einleitung**		1
	Literatur		7
2	**Soziokulturelle Rahmenbedingungen**		9
	2.1	Einführung	9
	2.2	Grundbegriffe	10
	2.3	Grundlagen	11
		2.3.1 Aufwachsen von Kindern und Jugendlichen	14
		2.3.2 Lebenswelten von Kindern und Jugendlichen	17
		2.3.3 Wandel des Bildungssystems	20
		2.3.4 Bewegung, Spiel und Sport in Bildungslandschaften	23
	2.4	Soziokulturelle Rahmenbedingungen im Überblick	27
	Literatur		29
3	**Pädagogische Grundlagen**		35
	3.1	Einführung	35
	3.2	Grundbegriffe	36
	3.3	Grundlagen	37
		3.3.1 Sport als pädagogisches Handlungsfeld	40
		3.3.2 Sportpädagogische Begründungen	43
		3.3.3 Sportpädagogisches Handeln	46
		3.3.4 Lernorte für Kinder und Jugendliche im Sport	50
	3.4	Pädagogische Grundlagen im Überblick	54
	Literatur		56
4	**Fachdidaktische Modelle**		61
	4.1	Einführung	61
	4.2	Grundbegriffe	63

4.3	Grundlagen	64
	4.3.1 Allgemeindidaktische Modelle	67
	4.3.2 Sportdidaktische Modelle	71
4.4	Didaktische Modelle im Überblick	79
Literatur		80

5 Fachdidaktische Konzepte ... 83
5.1 Einführung. ... 83
5.2 Grundbegriffe ... 85
5.3 Grundlagen ... 86
    5.3.1 Objektorientierte Konzepte ... 89
    5.3.2 Subjektorientiere Konzepte ... 94
5.4 Fachdidaktische Konzepte im Überblick. ... 97
Literatur ... 100

6 Methodische Grundlagen ... 105
6.1 Einführung. ... 105
6.2 Grundbegriffe ... 106
6.3 Grundlagen ... 107
    6.3.1 Objektorientierte Methodik ... 111
    6.3.2 Subjektorientierte Methodik ... 115
6.4 Methoden im Überblick. ... 121
Literatur ... 124

7 Individuelle Förderung ... 127
7.1 Einführung. ... 127
7.2 Grundbegriffe ... 128
7.3 Grundlagen ... 129
    7.3.1 Individuelle Förderung von Sport ... 133
    7.3.2 Individuelle Förderung durch Sport. ... 135
7.4 Individuelle Förderung im Überblick ... 141
Literatur ... 145

Einleitung 1

Der Sport hat sich in der zweiten Hälfte des 20. Jahrhunderts zu einem bedeutsamen gesellschaftlichen Phänomen entwickelt. Kinder- und Jugendsport, Freizeit- und Breitensport, Leistungs- und Wettkampfsport, Abenteuer- und Trendsport, Gesundheits- und Alterssport u. v. m. – die **Formen des Sports** sind nahezu unbegrenzt. Zugleich durchdringt die „Sportidee" weite gesellschaftliche Bereiche wie das Freizeit-, Bildungs-, Gesundheits-, Wirtschafts- oder Mediensystem. Sport ist damit „mehr als die Summe der Sportarten, Sportaktivitäten und Sportgelegenheiten. Sport ist ein Teil des alltäglichen Lebens vieler Menschen geworden" (Grupe und Krüger 2007, S. 69). Im Zuge der **Ausdifferenzierung des Sports** hat er allerdings eine enorme Komplexitätssteigerung erfahren, die sich in einer zunehmenden Entgrenzung des traditionellen Sportbegriffs ausdrückt. Sport kann der Leistungssteigerung, der Kontaktaufnahme, der Selbstdarstellung, der Körperformung, der Entspannung, der Gesundheitsförderung u. v. m. dienen. Im vorliegenden Fall wird er in pädagogischer Absicht ausgelegt. Dabei geht es insbesondere um die **Förderung von Kindern und Jugendlichen** in und durch Bewegungs-, Spiel- und Sportaktivitäten.

Bewegung und Sport gehören zu den häufigsten und wichtigsten Tätigkeiten im **Aufwachsen von Kindern und Jugendlichen.** Bereits im Vorschulalter nehmen die meisten Mädchen und Jungen regelmäßig an Bewegungsangeboten in Kindertagesstätten oder Sportvereinen teil. Im Grundschulalter steigen die Bindungsraten von Sportvereinen teilweise auf über 80 % einer Alterskohorte an, und auch im Jugendalter betreiben fast alle Heranwachsenden mindestens eine Sportart regelmäßig (vgl. Züchner 2013). Sporttreiben kann damit ohne Bedenken als **jugendspezifische Altersnorm** bezeichnet werden (Zinnecker 1991). Allerdings sind Bewegungs-, Spiel- und Sportaktivitäten nicht per se pädagogisch bedeutsam. Ihre pädagogische Wirkung hängt zum einen von den

© Der/die Autor(en), exklusiv lizenziert an Springer Fachmedien Wiesbaden
GmbH, ein Teil von Springer Nature 2023
N. Neuber, *Fachdidaktik Sport,* Basiswissen Lernen im Sport,
https://doi.org/10.1007/978-3-658-40214-3_1

Rahmenbedingungen ab, unter denen sie stattfinden. Verschiedene **Lernorte** bieten unterschiedliche formale, non-formale und informelle Lern- und Bildungspotenziale, die von Heranwachsenden jeweils unterschiedlich genutzt werden können (siehe Abschn. 3.3.4). Zum anderen ist die pädagogische Wirkung von Sportangeboten maßgeblich von ihrer **pädagogischen Inszenierung** abhängig, d. h. von der Art und Weise, wie sie gestaltet werden.

In dieser Hinsicht orientieren sich sportdidaktische Arbeiten in der Regel an der doppelten Zielsetzung einer **Erziehung zum Sport** und einer **Erziehung durch Sport** (vgl. Scherler 1997). Auf dieser Basis begründet auch Beckers (2001) zwei **Aufgaben pädagogischen Handelns im Sport** (vgl. Abb. 1.1):

▶ **Erziehung** Ausgehend von den Anforderungen der Gesellschaft zielt Erziehung auf die Strukturierung des Denkens, Fühlens und Handelns. Bezogen auf das Feld des Sports bedeutet das die Vermittlung von Fähigkeiten und Fertigkeiten, Einstellungen und Kenntnissen, die man zum Sporttreiben in einer Gesellschaft braucht.

▶ **Bildung** geht dagegen von den individuellen Möglichkeiten und Wünschen des Einzelnen aus und zielt auf die Lebensgestaltung des Subjekts. Auf den Sport bezogen heißt das, dass das Individuum in die Lage kommt, sich in der Vielfalt sportlicher Angebote zurechtzufinden, einen eigenen Standpunkt zu entwickeln und Sport sinnvoll in seinen Lebensalltag zu integrieren.

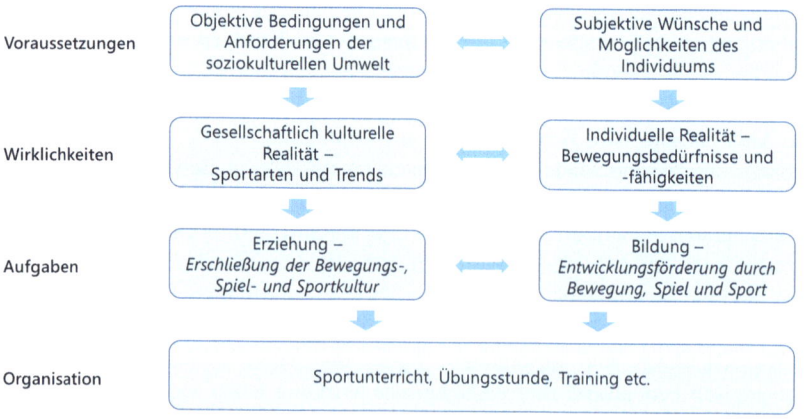

Abb. 1.1 Pädagogisches Handeln im Sport. (Mod. nach Beckers 2001, S. 30)

1 Einleitung

Beide Aspekte pädagogischen Handelns sind nur in wechselseitiger Verschränkung zu denken: „Während Erziehung auf die **Sache** gerichtet ist und dabei ‚Muster geformten Verhaltens' vermittelt, zielt Bildung auf die **Person** und deren Fähigkeit zur Selbstgestaltung, die den selbstbestimmten Umgang mit diesen Mustern einschließt" (Beckers 2001, S. 34).

▶ **Doppelauftrag des Schulsports** Die zwei Aufgaben pädagogischen Handelns bilden die Grundlage für den Doppelauftrag des Schulsports: Erschließung der Bewegungs-, Spiel- und Sportkultur sowie Entwicklungsförderung durch Bewegung, Spiel und Sport (MSW NRW 2014).

Der Auftrag geht einher mit Prinzipien eines **Erziehenden Sportunterrichts,** wie denen der Mehrperspektivität, Erfahrungs- und Handlungsorientierung, Reflexion, Verständigung oder Wertorientierung (MSWWF NRW 1999). Mit dieser explizit pädagogischen Perspektive auf den Sport kann der Schulsport einen spezifischen Beitrag zum allgemeinen **Erziehungs- und Bildungsauftrag der Schule** leisten. Dementsprechend werden neben fachimmanenten Zielen Beiträge des Schulsports zu überfachlichen Aufgaben der Schule genannt, z. B. Verkehrserziehung, Gesundheitsförderung, interkulturelle Erziehung, politische Bildung, ästhetische Erziehung oder reflexive Koedukation (MSWWF NRW 1999). Auch **außerschulische Erziehungs- und Bildungskonzepte** im Sport beziehen sich auf die Idee eines doppelten Auftrags pädagogischen Handelns (vgl. Neuber 2018). Ohne an dieser Stelle vertiefender auf diese pädagogische Argumentation eingehen zu können, ist damit die Grundlage für die **Förderung von Kindern und Jugendlichen** in und durch Bewegung, Spiel und Sport skizziert (siehe Abschn. 3.3).

Es bleibt zu fragen, welche Kompetenzen Lehrende im schulischen und außerschulischen Feld benötigen, um in dieser Weise förderlich handeln zu können. Zur Beschreibung der Kompetenzen hat sich ein **dimensionales Kompetenzmodell** bewährt, das auf dem „Model of Teacher Development" von Terhart (2007) basiert (vgl. Abb. 1.2). Die Kompetenz von Lehrkräften entwickelt sich danach aus dem Zusammenspiel von kognitiven, moralischen und praktischen Dimensionen (Terhart 2007, S. 49–50). Die erste Dimension bezieht sich auf das **Wissen,** das sie über Schule und Unterricht, Lehrende und Lernende benötigen, um erfolgreich handeln zu können. Die zweite Dimension betrifft die Einstellungen und **Haltungen,** das pädagogische Selbstverständnis, das für pädagogisches Handeln im Sport(unterricht) nötig ist. Die dritte Dimension bezieht sich auf das didaktische **Handeln** oder bescheidener: die Fähigkeit des „Didaktisierens", also des Didaktisch-Denken-Könnens (vgl. Neuber 2016).

Die dreidimensionale Grundstruktur des Modells kann bei Bedarf auf Teilkompetenzen, wie die Sach-, Selbst- oder Sozialkompetenz von Lehrenden, bezogen werden (vgl. Miethling und Gieß-Stüber 2007).

Das Kompetenzmodell verweist auf zentrale Dimensionen der **Qualifikation von Sportlehrerinnen und Sportlehrern.** Dabei ist zunächst unerheblich, ob es sich um Studierende, Referendare oder Lehrkräfte im Beruf handelt. Auch im außerschulischen Bereich, etwa in der Ausbildung von Übungsleiterinnen und Übungsleitern im Verein, sind diese Dimensionen von grundlegender Bedeutung (Golenia und Neuber 2014). Entscheidend ist, dass das Modell wesentliche **Aspekte pädagogischen Handelns im Sport** adressiert, die im Rahmen der Qualifikation von Lehrenden angesprochen werden sollten. In diesem Sinne ist das Dimensionale Kompetenzmodell auch Grundlage für das vorliegende Lehrbuch „Fachdidaktik Sport – Grundlagen und Modelle", das dementsprechend drei zentrale **Zielsetzungen** verfolgt:

- Zunächst sollen **grundlegende Kenntnisse** zu soziokulturellen Rahmenbedingungen und pädagogischen Grundlagen, fachdidaktischen Modellen und Konzepten sowie methodischen Grundlagen und dem Konzept der Individuellen Förderung vermittelt werden. Dabei geht es vorrangig um übergreifende Überlegungen und Konzepte zur Beschreibung der Voraussetzungen und Strukturen des Sportunterrichts.
- Des Weiteren sollen die Leserinnen und Leser durch die Darstellung zentraler Voraussetzungen des Sportunterrichts sowie ausgewählter fachdidaktischer Modelle, Konzeptionen und Methoden einen Überblick über das

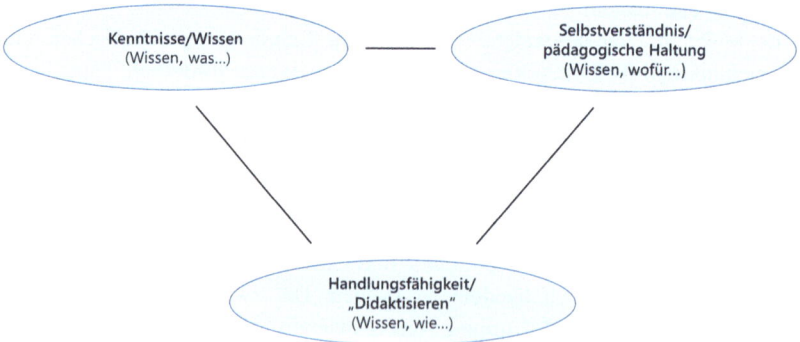

Abb. 1.2 Dimensionales Kompetenzmodell der Sportlehrerbildung. (Mod. nach Terhart 2007, S. 50)

Handlungsspektrum in allgemeiner Hinsicht erhalten. Letztlich soll damit die Möglichkeit gegeben werden, im Sinne eines **pädagogischen Selbstverständnisses** eine *eigene* fachdidaktische Position einnehmen und begründen zu können.
- Schließlich zielt das Lehrbuch auf das **praktische Denken und Handeln** von Lehrerinnen und Lehrern im Sport im Sinne eines „Didaktisch-Denken-Könnens". Ausgehend von Grundbegriffen und Grundlagen werden in den Kapiteln Hinweise zur Inszenierung des Sportunterrichts gegeben. Sie werden ergänzt durch Tipps zum Weiterlesen und -denken. Reflexionsfragen beschließen jeweils die Kapitel (siehe Kasten).

Der Aufbau des Lehrbuchs folgt einem einfachen unterrichtstheoretischen **Grundmodell für den Sportunterricht** (vgl. Abb. 1.3). Nach der Einleitung werden soziokulturelle Rahmenbedingungen und pädagogische Grundlagen des Sportunterrichts umrissen. Die nächsten Kapitel befassen sich mit fachdidaktischen Modellen und Konzepten. Es folgen Überlegungen zu Methoden im Sportunterricht sowie zur Individuellen Förderung im Sport als einem integrativen Konzept. Insgesamt zielt das Lehrbuch damit auf *allgemeine* Voraussetzungen des Sportunterrichts. Dazu gehört auch, dass die ausgewählten Konzepte in der Regel eine **große Reichweite** haben, d. h. sich auf den Sportunterricht insgesamt beziehen (siehe Abschn. 5.3). Das ist in den beiden

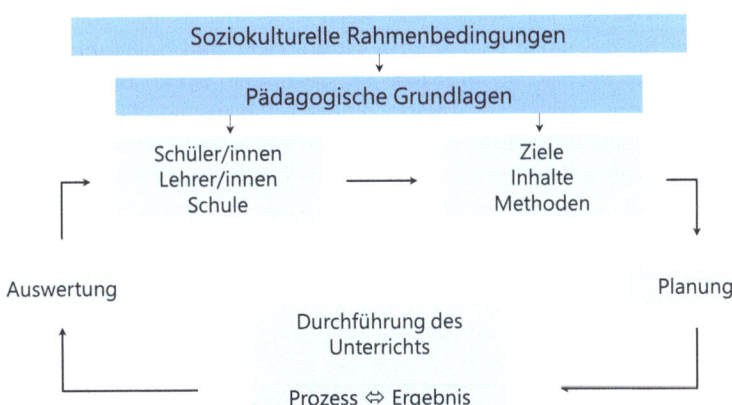

Abb. 1.3 Unterrichtstheoretisches Grundmodell des Sportunterrichts. (Mod. nach Neuber 2000, S. 103)

Folgebänden zu Zielgruppen und Voraussetzungen (Neuber 2020) sowie zu Themenfeldern und Perspektiven (Neuber 2021) anders. Darin werden *spezifische* Aspekte des Sportunterrichts thematisiert und fachdidaktische Konzepte **mittlerer Reichweite** vorgestellt.

Konkret widmet sich ein Band den **Voraussetzungsfeldern** des unterrichtstheoretischen Grundmodells (*Schülerinnen und Schüler, Lehrerinnen und Lehrer* sowie *Schule*). Dazu gibt es Kapitel zu Kindern als Zielgruppe im Sport, Jugendlichen als Zielgruppe im Sport, Mädchen und Jungen als Zielgruppe im Sport, heterogenen Zielgruppen im Sport, Sportlehrerinnen und Sportlehrern sowie Bewegung, Spiel und Sport in der Schulentwicklung (Neuber 2020). Der andere Band befasst sich mit den **Entscheidungsfeldern** des unterrichtstheoretischen Grundmodells (*Ziele, Inhalte* und *Methoden*). Das geschieht entlang der sechs pädagogischen Perspektiven in Kapiteln zu Wahrnehmung und Körpererfahrung, Kreativer Bewegungserziehung, Erlebnis- und Abenteuersport, Leisten, Leistung und Erfolg im Sport, Sozialem Lernen im Sport sowie Gesundheitsförderung im Sport (Neuber 2021). Praxisbezogene **Grundlagen des Sportunterrichts** in der Schule (Strukturperspektive), zur Planung, Durchführung und Auswertung des Sportunterrichtens (Prozessperspektive) sowie zum Praxissemester im Sport sollen in weiteren Bänden bearbeitet werden.

Die Auswahl der vorgestellten Ansätze und Konzepte ist zwangsläufig subjektiv. Insofern geht es den Bänden nicht um Vollständigkeit, sondern um ein **Orientierungsangebot** im Spektrum fachdidaktischer Positionen (Balz 2009), das es den Leserinnen und Lesern erlaubt, einen eigenen Standpunkt zu entwickeln. Während der vorliegende Band eine allgemeine, grundlegende Orientierung für das große Feld von **Sportunterricht und Sportunterrichten** bieten soll, zielen die beiden Folgebände auf spezifische Aspekte des Feldes. Die Sportdidaktik bietet zahlreiche Ansätze mittlerer Reichweite, die Teilbereiche des Sportunterrichts thematisieren, bislang aber kaum im Überblick dargestellt wurden. Insgesamt sollen damit Grundlagen für Studium und Lehre im Bereich der Sportdidaktik vorgelegt werden. Zugleich wird ein vergleichsweise großes **Spektrum an pädagogischer Praxis im Sport** abgebildet, das nicht nur für Studentinnen und Studenten, sondern auch für Schülerinnen und Schüler, Lehramtsanwärterinnen und -anwärter, Lehrerinnen und Lehrer sowie pädagogische Fachkräfte im außerschulischen Feld interessant sein kann.

Rubriken des Lehrbuchs
Die Kapitel des Lehrbuchs sind immer gleich aufgebaut. Zur leichteren Orientierung werden jeweils dieselben **Strukturmerkmale** verwendet:

- Eine **Zusammenfassung** gibt vorab einen Überblick über Ausrichtung und Inhalte des Kapitels.
- Die **Einführung** skizziert die Bedeutung des Themas und stellt den Bezug zum Gesamtzusammenhang des Lehrbuchs her.
- Zentrale **Grundbegriffe** eines Themas werden zu Beginn überblicksartig vorgestellt.
- Anschließend werden die **Grundlagen** eines Themas umfassend, aber prägnant entwickelt und jeweils in Teilaspekten vertieft.
- Zum Abschluss werden die Überlegungen jeweils noch einmal bilanzierend im **Überblick** zusammengefasst.
- **Reflexionsfragen** regen zum Nachdenken an; sie zielen nicht nur auf die Reproduktion des Wissens, sondern sollen auch den Transfer in die Praxis anregen.
- Grundlegende **Definitionen** werden im Text gesondert ausgewiesen.
- **Literaturtipps** ergänzen den Text und sollen zum Weiterlesen anregen.
- Zudem gibt es jeweils einen **Wissensbaustein,** der eine andere, mitunter querliegende Perspektive auf das Thema des Kapitels bietet.

Literatur

Balz, E. (2009). Fachdidaktische Konzepte update oder: Woran soll sich der Schulsport orientieren? *Sportpädagogik, 33*(1), 25–32.

Beckers, E. (2001). Sportpädagogik und Erziehungswissenschaft. In H. Haag & A. Hummel (Hrsg.), *Handbuch Sportpädagogik* (2., erweiterte Aufl., S. 25–34). Schorndorf: Hofmann.

Golenia, M., & Neuber, N. (2014). *Empirische Untersuchung zu Kompetenzentwicklung und Einstellungsveränderungen bei Teilnehmerinnen und Teilnehmern der Übungsleiter-C-Ausbildung des Landessportbundes NRW* (Projektbericht). Münster: WWU.

Grupe, O., & Krüger, M. (2007). *Einführung in die Sportpädagogik* (3. neu bearbeitete Aufl.). Schorndorf: Hofmann.

Miethling, W.-D., & Gieß-Stüber, P. (2007). Persönlichkeit, Kompetenzen und Professionelles Selbst des Sport- und Bewegungslehrers. In W.-D. Miethling & P. Gieß-Stüber (Hrsg.), *Beruf: Sportlehrer/in* (S. 1–24). Hohengehren: Schneider.

MSW NRW (Ministerium für Schule und Weiterbildung des Landes Nordrhein-Westfalen). (2014). *Rahmenvorgaben für den Schulsport in Nordrhein-Westfalen.* Düsseldorf: MSW.

MSWWF NRW (Ministerium für Schule und Weiterbildung, Wissenschaft und Forschung des Landes Nordrhein-Westfalen). (Hrsg.). (1999). *Richtlinien und Lehrpläne für die Sekundarstufe II – Gymnasium/Gesamtschule in Nordrhein-Westfalen. Sport.* Frechen: Ritterbach.

Neuber, N. (2000). *Kreativität und Bewegung – Grundlagen kreativer Bewegungserziehung und empirische Befunde* (Schriften der Deutschen Sporthochschule, 45). St. Augustin: Academia.

Neuber, N. (2016). Von der Theorie zur Praxis – und wieder zurück? Sportlehrerbildung als Forschungs- und Gestaltungsaufgabe. In D. Wiesche, M. Fahlenbock & N. Gissel (Hrsg.), *Sportpädagogische Praxis – Ansatzpunkt und Prüfstein von Theorie* (Schriften der Deutschen Vereinigung für Sportwissenschaft, 255, S. 50–70). Hamburg: Czwalina.

Neuber, N. (2018). Sport und informelles Lernen. In T. Burger, M. Harring & M. Witte (Hrsg.), *Handbuch informelles Lernen – Interdisziplinäre und internationale Perspektiven* (2. Aufl., S. 581–594). Weinheim, Basel: Beltz Juventa.

Neuber, N. (2020). *Fachdidaktische Konzepte Sport – Zielgruppen und Voraussetzungen* (Basiswissen Lernen im Sport). Wiesbaden: Springer VS. https://doi.org/10.1007/978-3-658-28464-0.

Neuber, N. (2021). *Fachdidaktische Konzepte Sport II – Themenfelder und Perspektiven* (Basiswissen Lernen im Sport). Wiesbaden: Springer VS. https://doi.org/10.1007/978-3-658-30249-8.

Scherler, K. (1997) Die Instrumentalisierung der Sportpädagogik. *Sportpädagogik, 21*(2), 5–11.

Terhart, E. (2007). Erfassung und Beurteilung der beruflichen Kompetenz von Lehrkräften. In M. Lüders & J. Wissinger (Hrsg.), *Forschung zur Lehrerbildung. Kompetenzentwicklung und Prorammevaluation* (S. 37–62). Münster: Waxmann.

Zinnecker, J. (1991). Jugend als Bildungsmoratorium. In W. Melzer, W. Heitmeyer, L. Liegle & J. Zinnecker (Hrsg.), *Osteuropäische Jugend im Wandel* (S. 9–25). Weinheim: Juventa.

Züchner, I. (2013). Sportliche Aktivitäten im Aufwachsen junger Menschen. In M. Grgic & I. Züchner (Hrsg.), *Medien, Kultur und Sport. Was Kinder und Jugendliche machen und ihnen wichtig ist. Die MediKuS-Studie* (S. 89–138). Weinheim: Beltz Juventa.

Soziokulturelle Rahmenbedingungen 2

Zusammenfassung

Das Kapitel befasst sich mit zentralen soziokulturellen Voraussetzungen des Aufwachsens von Kindern und Jugendlichen. Ausgehend vom sozialen Wandel in modernen Gesellschaften werden das Aufwachsen von Kindern und Jugendlichen, Lebenswelten von Kindern und Jugendlichen, der Wandel des Bildungssystems sowie die Bedeutung von Bewegung, Spiel und Sport in kommunalen Bildungslandschaften dargestellt. Ein Exkurs zur Ganztagsschule in kommunalen Bildungslandschaften ergänzt das Kapitel.

2.1 Einführung

Bewegungs-, Spiel- und Sportangebote für Kinder und Jugendliche finden nicht im „luftleeren Raum" statt, sondern ereignen sich immer vor dem Hintergrund der soziokulturellen Rahmenbedingungen einer Gesellschaft. Dabei geht es zum einen um die soziale **Bedeutung des Sports.** In modernen Gesellschaften ist der Sport „durch Wachstum und Differenzierung gekennzeichnet. Immer mehr Menschen und Gruppen der Bevölkerung partizipieren an den unterschiedlichsten Formen des Sports – sei es manchmal auch nur durch die sportliche Kleidung. Die Verbreitung des Sports in jedem Lebensalter äußert sich nicht nur in der Entwicklung neuer Sportarten und innovativer Bewegungsformen, sondern auch in einem insgesamt erweiterten Sportverständnis" (Güllich und Krüger 2022, S. 5). Zum anderen geht es darum, welche Bedeutung eine Gesellschaft dem **Aufwachsen von Kindern und Jugendlichen** beimisst: Sollen junge Menschen möglichst „reibungslos" erwachsen werden oder wird ihnen eine mehr oder weniger autonome Phase des Ausprobierens und Experimentierens zugestanden (Reinders 2006)? Letztlich geht es damit um den politischen **Stellenwert von Kindheit, Jugend und Bildung** und um die Ressourcen, die eine Gesellschaft dafür bereitstellt.

In diesem Zusammenhang schreibt Größing (2007, S. 38) über den **Schulsport:** „Die ökonomischen und normativen Grundlagen und Grundfragen einer Gesellschaft und deren Bildungs-, Sozial- und Sportpolitik entscheiden wesentlich mit darüber, welchen Stellenwert der Schulsport im Kanon der Unterrichtsfächer einnimmt, wieviel Stunden in der Woche ihm eingeräumt werden, wie die Ausstattung der schulischen Sportanlagen und die Ausbildung der Sportlehrer aussehen." Gleiches gilt für den außerschulischen **Kinder- und Jugendsport,** dessen Bedeutung ebenfalls maßgeblich von den jeweiligen sozialen und kulturellen Zuschreibungen abhängig ist (vgl. Neuber 2021a). Insofern zählen die **soziokulturellen Rahmenbedingungen** – neben den „anthropogenen Voraussetzungen" der handelnden Personen – zu den allgemeinen Bedingungsfaktoren von Sport und (Sport-)Unterricht (Jank und Meyer 2020, S. 262–264). Die *anthropogenen* Voraussetzungen, etwa zu Kindern oder heterogenen Zielgruppen, sowie die *spezifischen* soziokulturellen Voraussetzungen, etwa zur sozialen Konstruktion von Geschlecht oder zur Erlebnisgesellschaft, werden an anderer Stelle vorgestellt (Neuber 2020, 2021b). Hier geht es im Folgenden darum, die *allgemeinen* soziokulturellen **Voraussetzungen des Aufwachsens** von Kindern und Jugendlichen darzustellen.

2.2 Grundbegriffe

Mit dem Begriff des **sozialen Wandels** werden seit etwa Mitte der 1980-er Jahre grundsätzliche strukturelle Veränderungen der Gesellschaft beschrieben, die zu einer Überwindung traditioneller Werte und Muster im Nachkriegsdeutschland geführt haben. Seit den 1990-er Jahren spricht man im Hinblick auf westliche Industrie- bzw. Dienstleistungsnationen von modernen bzw. postmodernen Gesellschaften. Mit Blick auf die gesellschaftliche Ausdifferenzierung ist in diesem Zusammenhang mit **Individualisierung** gemeint, dass das Individuum immer weniger auf klassische Familien- und Arbeitsbiografien zurückgreifen kann und damit zunehmend selbst für seine Biografie verantwortlich ist (vgl. Beck 1986). **Pluralisierung** bedeutet, dass zunehmend vielfältige Wertesysteme und Lebensentwürfe möglich sind, für die sich das Individuum jeweils aktiv entscheiden muss. Diese gesellschaftlichen Umbrüche finden beschleunigt und zeitlich verdichtet statt, wofür der Begriff der **Dynamisierung** steht (vgl. Rosa 2005). Zugleich werden diese Entwicklungsprozesse durch neue Informations- und Kommunikationsmedien im Zuge der **Digitalisierung** vorangetrieben.

Betrachtet man vor diesem Hintergrund das Aufwachsen von Kindern und Jugendlichen, rückt der Begriff der **Lebenswelt** in den Fokus. Damit werden die sozialen und kulturellen Gegebenheiten beschrieben, in denen sich das Alltagsleben junger Menschen abspielt, z. B. Familie, Gleichaltrigengruppe und Freizeiteinrichtungen (Größing 1993). Auch der Schule kommt in diesem Zusammenhang eine soziale Bedeutung zu. Der Begriff der **Institutionalisierung** drückt aus, dass Heranwachsende immer mehr Zeit in Kindertagesstätte und Schule und damit in „öffentlicher Verantwortung" verbringen (vgl. Rauschenbach 2015). Im Zentrum dieser Entwicklung steht die Ganztagsschule, die die unterschiedlichen schulischen und außerschulischen **Bildungsmodalitäten** verbinden soll, indem sie sowohl verpflichtendes, zertifiziertes als auch freiwilliges, unorganisiertes Lernen kombiniert. Damit einher geht die Idee der **Bildungslandschaft,** in der die verschiedenen Bildungsakteure einer Kommune vernetzt sind, um die individuellen Bildungsbiografien der Heranwachsenden bestmöglich fördern zu können (Süßenbach 2021).

2.3 Grundlagen

Der Begriff des **sozialen Wandels** umschreibt längerfristige gesellschaftliche Veränderungsprozesse etwa von der Ständegesellschaft des Mittelalters zur pluralistischen Gesellschaft der Moderne (Schubert und Klein 2022). In der neueren Diskussion wird damit der Umbruch von der deutschen Nachkriegsgesellschaft zur modernen bzw. **postmodernen Gesellschaft** der 1990-er und 2000-er Jahre bezeichnet (vgl. Abb. 2.1). Moderne Gesellschaften zeichnen sich durch eine zunehmende gesellschaftliche **Differenzierung** aus, die zu einer Aufspaltung gesellschaftlicher Teilsysteme führt, wie etwa die Trennung von Arbeit und Freizeit oder Erziehung und Religion. Damit verbunden ist eine stärkere Rollendifferenzierung, die den Individuen unterschiedliche, vielfach neue Kompetenzen abverlangt (Tillmann 2010, S. 316–351). Zugleich schwinden gewachsene Formen der Lebensführung, was mit dem Schlagwort der **Enttraditionalisierung** bezeichnet wird. Gemeint ist damit, „dass traditionelle Muster und Leitbilder ihre einerseits verbindliche (sozial-kontrollierende), andererseits orientierende (und damit entlastende) Funktion verloren haben" (Münchmeier 1998, S. 12). Die Enttraditionalisierung führt zu einer Freisetzung aus traditionellen Bindungs- und Kontrollmechanismen und garantiert

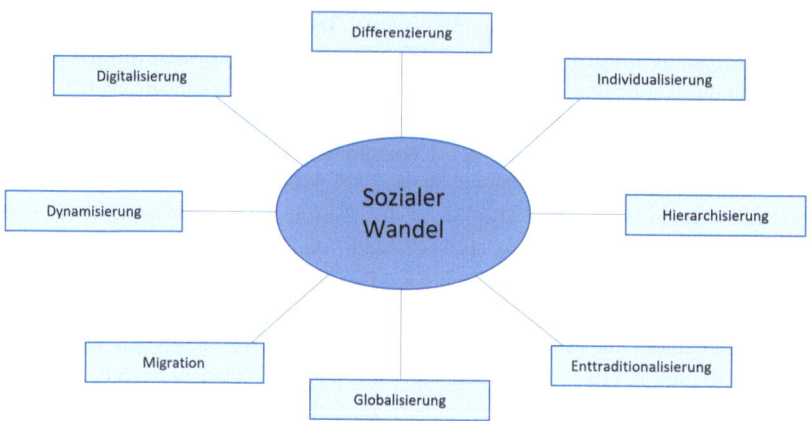

Abb. 2.1 Merkmale sozialen Wandels in der zweiten Hälfte des 20. Jahrhunderts. (Eigene Abbildung)

eine stärkere **Pluralisierung** möglicher Lebensmuster. Das bringt nicht nur eine Vielzahl an neuen, gesellschaftlich akzeptierten Lebensformen mit sich (z. B. Patchwork- und Regenbogen-Familien), sondern auch ein Nebeneinander unterschiedlichster Wertesysteme, in denen das Individuum sich verorten muss („Wertepluralisierung").

Diese Vielfalt bietet dem Einzelnen einerseits die Chance, aus einer großen Zahl an Möglichkeiten wählen zu können („Multioptionsgesellschaft"). Andererseits erhöht sich der Druck auf das Individuum, Verantwortung für den eigenen Lebensweg zu übernehmen.

▶ **Individualisierung** bedeutet in diesem Zusammenhang, dass das Individuum losgelöst von Familientraditionen oder gesellschaftlichen Klassen eigene Entscheidungen treffen muss. Es muss „lernen, sich selbst als Handlungszentrum, als Planungsbüro in Bezug auf seinen Lebenslauf, seine Fähigkeiten, Orientierungen, Partnerschaften usw. zu begreifen" (Beck 1986, S. 217). Die Verantwortung für die eigene Biografie liegt damit bei jedem Individuum selbst.

Das bedeutet zugleich das **Ende der traditionellen Normalbiografie.** Vor dem Hintergrund entstandardisierter Lebensverläufe wird das Erfahren von Risiken und die Möglichkeit des Scheiterns damit allgegenwärtig (Hornstein 1997, S. 24–25).

2.3 Grundlagen

Diese grundsätzliche Umstrukturierung des sozialen Lebens wird immer wieder durch aktuelle Entwicklungen vorangetrieben. So zählt die **Globalisierung** im Sinne des politischen, wirtschaftlichen und kulturellen Zusammenwachsens der Welt zu den prägenden Trends zu Beginn des 21. Jahrhunderts. Gerade für junge Menschen „ist der globale Horizont einer Weltgesellschaft mehr denn je eine Realität, die ihr Denken und Handeln in erheblichem Maße beeinflusst, seien es die hinzugewonnenen Möglichkeiten der Mobilität und eines globalen Netzes, seien es die lokalen Eindrücke einer multikulturellen Welt des Konsums oder seien es die ambivalenten, krisenhaften Erfahrungen weltweit drohender Wirtschafts- und Finanzkrisen oder ökologischer Katastrophen" (BMFSFJ 2013, S. 57). Eng mit der Globalisierung verbunden ist die **Migration** von Menschen, die es aus unterschiedlichsten Gründen in andere Länder zieht. Sie führt einerseits zu einer Zunahme an kultureller und ethnischer Vielfalt, was nicht zuletzt auch dem Arbeitsmarkt zugutekommt (Mutz und Burrmann 2015). Kurzfristig führt sie aber auch zu einer zusätzlichen Belastung der Bildungs- und Sozialsysteme. Besonders deutlich wurden Chancen und Risiken der Zuwanderung während der sogenannten Flüchtlingskrise 2015.

Eine weitere gesellschaftspolitische Herausforderung stellt der **demografische Wandel** dar. Die Bevölkerung in Deutschland schrumpft, zugleich wird sie vielfältiger, bunter und älter. Hinzu kommen regionale Unterschiede zwischen wirtschaftlich starken und schwachen Regionen, zwischen Ballungsräumen und Großstädten auf der einen und ländlichen Gebieten auf der anderen Seite, zwischen Regionen mit hohem und mit niedrigem Migrationsanteil (vgl. Schmidt et al. 2015). Die Entwicklung moderner Gesellschaften ist durch eine zunehmende Beschleunigung gekennzeichnet, die zu immer kürzeren Halbwertszeiten von Wissen und Gewissheiten führt (Rosa 2005). In diesem Sinne gehört die **Dynamisierung** gesellschaftlicher Muster und Stile zu den Schlüsselbegriffen der Moderne. Sie wird maßgeblich vorangetrieben von der **Digitalisierung** der Gesellschaft. Dabei geht es weniger um technisches Wissen als vielmehr um neue Wege der Information und Kommunikation, die den Lebensalltag der „Digital Natives" selbstverständlich durchdringen, ohne dass sie auf Differenzerfahrungen älterer Generationen zurückgreifen können. Ein Leben ohne digitale Medien ist für sie nicht mehr vorstellbar (BMFSFJ 2013, S. 55).

Zu Beginn der 2020-er Jahre kam die **Corona-Pandemie** mit erheblichen gesellschaftlichen Einschränkungen hinzu, die nicht zuletzt auch für junge Menschen enorme Herausforderungen mit sich brachte (Andresen et al. 2022). Zugleich verstärkten sich soziale Spannungen in dieser Zeit. Zum Teil führten diese Konflikte bis zur Abkehr vom demokratischen Rechtsstaat. Auch die Sicherung der **politischen Teilhabe** für alle Menschen gehört damit zu den gesellschaftspolitischen Herausforderungen der Moderne (Vorländer 2013). Insgesamt zeigt der kurze Problemaufriss, dass moderne Gesellschaften durch die sozialen Wandlungsprozesse in der zweiten Hälfte des 20. Jahrhunderts vielfältiger und bunter, aber auch ambivalenter und riskanter geworden sind (vgl. Beck 1986). Alte Gewissheiten und Werte werden infrage gestellt, neue Trends und Muster entstehen nicht selten in einem hohen Tempo. Pädagogisches Handeln im Allgemeinen und **sportpädagogisches Handeln** im Besonderen ist vor diesem Hintergrund immer wieder gefordert, aktuelle gesellschaftliche Rahmenbedingungen aufzugreifen. Mit Blick auf die zentrale Zielgruppe der Kinder und Jugendlichen werden die **soziokulturellen Rahmenbedingungen** im Folgenden zunächst auf das Aufwachsen junger Menschen und ihre Lebenswelten bezogen, bevor der Wandel des Bildungssystems und die Rolle des Sports in Bildungslandschaften skizziert werden.

2.3.1 Aufwachsen von Kindern und Jugendlichen

Vor dem Hintergrund des sozialen Wandels hat sich das Aufwachsen von Kindern und Jugendlichen in Deutschland in den vergangenen zwei bis drei Dekaden grundlegend verändert. Während Kinder bis weit in die zweite Hälfte des 20. Jahrhunderts hinein zumindest in Westdeutschland im Wesentlichen in der Familie und – nach der Halbtagsschule – im sozialen Nahraum aufwuchsen, verbringen sie heute weit mehr Zeit in **pädagogischen Institutionen** und mit pädagogischen Fachkräften. Von der Kindertageseinrichtung über die Ganztagsschule bis hin zu den organisierten Freizeitangeboten außerschulischer Anbieter wird die Zeit der Kinder und Jugendlichen zunehmend vorstrukturiert: „Die pädagogische Planung, Gestaltung und Inszenierung […] der Lebenswelt der jungen Generation gehören zu den Selbstverständlichkeiten des Aufwachsens am Beginn des 21. Jahrhunderts" (BMFSFJ 2013, S. 37). Der 14. Kinder- und Jugendbericht der Bundesregierung konstatiert dementsprechend eine deutliche **Zunahme der öffentlichen Verantwortung für das Aufwachsen** von Kindern und Jugendlichen (vgl. Rauschenbach 2015). Es stellt sich die Frage, inwiefern das als Chance oder als Risiko verstanden werden kann.

Tatsächlich ging es Kindern und Jugendlichen in Deutschland noch nie so gut wie heute. Gleichwohl profitieren davon bei Weitem nicht alle jungen Menschen gleichermaßen: „Während ein Teil der Heranwachsenden auf eine einigermaßen sorgenfreie Zukunft blicken kann, mit Netz und doppeltem Boden über ihre Eltern abgesichert ist, kommt hierzulande immerhin fast jeder dritte junge Mensch aus einem Elternhaus, das entweder von Armut bedroht ist, in dem die

2.3 Grundlagen

Eltern keiner Erwerbstätigkeit nachgehen oder aber selbst keine ausreichenden Schulabschlüsse vorweisen können" (BMFSFJ 2013, S. 54). Vieles spricht dafür, dass die **soziale Schere** zwischen den Gewinnern und den Verlierern des Aufwachsens weiter auseinander geht. Das lässt sich nicht nur an Befunden zu Bildungskarrieren festmachen, sondern wird auch durch massive Ungleichheiten in den Bereichen **Entwicklung und Gesundheit** von Mädchen und Jungen belegt (vgl. Schmidt 2015). Ein umfassendes Bild des Aufwachsens von Kindern und Jugendlichen kann daher nur vor dem Hintergrund unterschiedlicher Ausgangslagen gezeichnet werden, die Chancen und Risiken gleichermaßen berücksichtigen.

Gleichwohl zeigt ein Blick auf die Sichtweisen junger Menschen, dass sie im Wesentlichen mit sich und ihrem Umfeld zufrieden sind. In Bezug auf das **Kindesalter** stellt die Ferrero-Kinderstudie fest: „Die meisten Kinder fühlen sich in Familie und Freundeskreis sehr geborgen" (Ferrero Deutschland 2013, zit. nach Neuber und Salomon 2015, S. 27). Auch die zweite World Vision-Kinderstudie bestätigt diese Einschätzung. Die große Mehrheit der Kinder ist danach „mit ihren Lebensverhältnissen in Familie, Freizeit, Freundeskreis und Schule zufrieden und fühlt sich wohl. Die Haltung gegenüber dem, was im Leben auf sie zukommt, ist erwartungsvoll und daher positiv" (Hurrelmann und Andresen 2010, S. 16). Die Befunde zum **Jugendalter** kommen zu ähnlichen Ergebnissen. So konstatiert die 16. Shell-Jugendstudie: „Die heutige junge Generation hat sich weder durch die gesamtwirtschaftliche Entwicklung (‚Wirtschafts- und Finanzkrise') noch durch die unsicher gewordenen Berufsverläufe und Perspektiven von ihrer optimistischen Grundhaltung abbringen lassen" (Albert et al. 2010, S. 15; Shell Deutschland 2019). Dabei sehen die Heranwachsenden durchaus globale Probleme, wie Kriege, Energiekrisen oder Umweltzerstörung, konzentrieren sich aber auf ihre persönliche Zukunft.

In diesem Sinne ist ein pragmatischer Umgang mit den Herausforderungen des Alltags typisch für junge Menschen heute. Bereits seit 2003 benutzt die Shell-Studie den Begriff der pragmatischen Generation und stellt fest, dass sich eine **Generation von Egotaktikern** entwickelt hat: „Egotaktikerinnen und Egotaktiker fragen die soziale Umwelt ständig sensibel nach Informationen darüber ab, wo sie selbst in ihrer persönlichen Entwicklung stehen" (Hurrelmann et al. 2003, S. 33). Das bedeutet nicht, dass junge Menschen grundsätzlich egoistisch sind, wohl aber, dass sie vor dem Hintergrund dynamisierter Lebenswelten flexibel die Chancen nutzen, die sich ihnen bieten. Ähnlich sehen die NRW-Jugendstudien eine Generation **pragmatischer Ordnungssucher,** die findig darin ist, „Ordnungen und Ordnungsmöglichkeiten zu entdecken, die halbwegs funktionieren und ihnen beim Aufwachsen helfen" (Zinnecker et al. 2002,

S. 18). Letztlich erscheint das vor dem Hintergrund sich wandelnder Lebenswelten, insbesondere eines steigenden Bildungsdrucks und zunehmend unübersichtlicher werdender Handlungsoptionen, nur funktional: *Du hast viele Chancen, wähle die richtigen!*

Im Gegensatz zu früheren Jugendgenerationen hat Wopp (2007, S. 105) für diese Grundhaltung den Begriff der **„Sowohl-als-auch-Generation"** geprägt. Auch die Sinus-Studie spricht im Zuge der „pragmatischen Wende" von neuen Wertekonfigurationen, „die nicht mehr der Logik des ‚Entweder-oder', sondern dem Anspruch auf das ‚Sowohl-als-auch' verpflichtet sind" (Calmbach et al. 2012, S. 40). Einerseits bezögen sich Heranwachsende in unsicheren Zeiten auf traditionelle Werte, wie Sicherheit, Pflichtbewusstsein, Freundschaft und Familie. Andererseits werden diese konservativen Werte „jedoch umgedeutet bzw. symbolisch aktualisiert und von hedonistischen, ich-bezogenen Entfaltungswerten und einem individualistischen Leistungsethos flankiert" (Calmbach et al. 2012, S. 40). Daraus entstehe ein Werte-Mix, der sich auf „das Machbare" und die Gegenwart konzentriert. Gleichwohl zeigen Heranwachsende nach wie vor **gesellschaftliches Engagement.** So engagieren sich konservative und sozialökologisch orientierte Jugendliche in Vereinen und Organisationen wie Sportvereinen, Kirchenjugend, Pfadfindern, Rettungsdiensten oder Feuerwehr (Calmbach et al. 2012, S. 84). Postmodern orientierte Jugendliche galten dagegen lange Zeit als „egotaktisch" motiviert: Es hilft den anderen, aber es hilft auch dem eigenen Lebenslauf. Seit dem Ende der 2010-er Jahre ist jedoch eine Wiederentdeckung des politischen Engagements zu verzeichnen, nicht zuletzt in Bezug auf Klimafragen (Shell Deutschland 2019).

Insgesamt ergibt sich damit ein breites Spektrum der aktuellen **Kinder- und Jugendgeneration,** das sich nur schwer systematisch ordnen lässt. Einen der wenigen aktuellen Ordnungsversuche legt die Sinus-Lebensweltstudie vor, die einen Rahmen von „konservativ-bürgerlichen" über „adaptiv-pragmatische" bis hin zu „expeditiven" Heranwachsenden spannt (Calmbach et al. 2020). Gleichwohl kann es auch dieser qualitativen Untersuchung nur bedingt gelingen, ein umfassendes **Bild von „der" Jugend** zu zeichnen. Quantitative Forschungsstrategien sind im Vergleich dazu gröber und beziehen sich im Wesentlichen auf Durchschnittswerte (z. B. Shell Deutschland 2019). Unterschiedliche Sichtweisen von Jüngeren und Älteren, Mädchen und Jungen, Armen und Reichen, Bildungsnahen und Bildungsfernen, Deutschen und Nicht-Deutschen, Stadt- und Landbewohnern, Sportlichen und Nicht-Sportlichen u. v. m. erfassen diese Studien abhängig von ihrer jeweiligen Ausrichtung nur in geringem Maße. Einen zusammenfassenden Überblick zum Aufwachsen junger Menschen geben in regelmäßigen Abständen die **Kinder- und Jugendberichte** des Bundes und der Länder.

> ▶ **Literaturtipp** Bundesministerium für Familie, Senioren, Frauen und Jugend [BMFSFJ] (2020). *16. Kinder- und Jugendbericht – Förderung demokratischer Bildung im Kindes- und Jugendalter.* Berlin: BMFSFJ.
> Alle vier Jahre gibt das Bundesjugendministerium einen „Bericht über die Lebenssituation junger Menschen und die Leistungen der Kinder- und Jugendhilfe in Deutschland" in Auftrag, der ein Bild des Aufwachsens junger Menschen zeichnet und jeweils einen aktuellen Schwerpunkt setzt.

2.3.2 Lebenswelten von Kindern und Jugendlichen

Die Lebenswelten von Kindern und Jugendlichen sind nicht unbeeinflusst von den soziokulturellen und sozioökonomischen Rahmenbedingungen der Gesellschaft, in der sie leben. Zur Charakterisierung dieser spezifischen Rahmenbedingungen war lange Zeit der Begriff des **sozialen Settings** gebräuchlich, das u. a. durch die Faktoren Ort, Zeit, Aktivität, teilnehmende Personen und Rolle beschrieben werden kann (Bronfenbrenner 1981, S. 95–115). Der Lebensweltbegriff ist dagegen weniger statisch und bezieht die subjektiven Sichtweisen der beteiligten Akteure mit ein.

▶ **Lebenswelt** Der Begriff der Lebenswelt umfasst die vielfältigen, individuellen und sozialen, naturbedingten und kulturellen Gegebenheiten, in die das menschliche Leben eingebettet ist. Die Lebenswelt eines Menschen ist „jene Alltagswirklichkeit, in der er durch seine Leibhaftigkeit existent ist, in der er handelt, indem er sie gestaltet und nach seinen Lebens- und Erlebnisbedürfnissen herrichtet und von der er behandelt, d. h. beeinflusst und geprägt wird" (Größing 1993, S. 100).

Die Lebenswelten von Kindern und Jugendlichen sind ausgesprochen vielfältig. So haben mediale, kulturelle und sportliche Lebenswelten für viele Heranwachsende eine zentrale Bedeutung (Grgic und Züchner 2013). Insbesondere die Bedeutung des Sports für das Aufwachsen junger Menschen wird an anderer Stelle ausführlich behandelt (vgl. Neuber 2020). Im Sinne *allgemeiner* Voraussetzungen sollen hier exemplarisch andere wichtige Lebenswelten skizziert werden. Die wichtigste Lebenswelt für das Aufwachsen von Kindern und Jugendlichen ist nach wie vor die **Familie.** In der Regel werden Kinder in eine Familie hineingeboren und wachsen mit ihr auf. Die vier Grundfunktionen einer Familie – Versorgung, Beziehung, Erziehung und Bildung – ergeben sich im täglichen Zusammenleben (vgl. Schneewind 2008). Die Familie ist damit die primäre Sozialisationsinstanz im Leben junger Menschen, was bedeutet, „dass Familien über ein besonderes soziales Kapital verfügen, die sogenannten strong ties, also die starken, engen und emotional gesteuerten Beziehungen zwischen den Angehörigen" (Schneekloth und Pupeter 2010, S. 61). Auch wenn Familienstrukturen mittlerweile einem Wandel unterliegen, ist die „Zwei-Kind-Kernfamilie" immer noch die häufigste Konstellation. Das Verhältnis der Heranwachsenden zu ihren Eltern und Großeltern ist positiver als in früheren Generationen. Eltern werden als Ansprechpartner und Ratgeber für lebenspraktische Fragen geschätzt (Maschke et al. 2013, S. 29), zugleich kommen junge Menschen in soziokulturellen Lebensbereichen, wie Mode, Medien und Kultur, zunehmend früher ohne ihre Eltern zurecht.

An die Stelle der Eltern tritt dann die **Gleichaltrigengruppe,** der mit zunehmendem Lebensalter wachsende Bedeutung im Leben junger Menschen zukommt. Die überwiegende Mehrzahl der Kinder und Jugendlichen empfindet sich gut eingebunden in einen Freundeskreis. Eine „beste Freundin" bzw. einen „besten Freund" zu haben, gibt die große Mehrheit der Heranwachsenden im Alter von 10 bis 18 Jahren an, ohne dass ein nennenswerter Unterschied zwischen Mädchen und Jungen besteht (Maschke et al. 2013, S. 53–54). Eine etwas losere Bindung als die eines Freundeskreises charakterisiert die sogenannte Clique, in die Jugendliche etwas seltener eingebunden sind als in Freundschaften. Mit der Clique verbinden Kinder und Jugendliche in erster Linie Freundschaft, Spaß, Chillen, Partys, Sport und die gemeinsame Schulzeit (vgl. Abb. 2.2). Prügeleien, Reden über religiöse Dinge, Lästern über andere und Schulschwänzen werden von Cliquen dagegen mehrheitlich abgelehnt, die Zustimmung zu riskantem Verhalten in der Clique nimmt jedoch mit dem Alter zu (Maschke et al. 2013, S. 58–64). Die Kommunikation über soziale Netzwerke ist für die Heranwachsenden selbstverständlich, ersetzt nach ihrem Verständnis aber nicht die „Offline-Beziehungen".

Ganz gleich, ob Szene, Clique oder Community – Kommunikation und Organisation von Freizeitaktivitäten werden zunehmend digital abgestimmt (vgl. Grigic und Züchner 2013). **Virtuelle Lebenswelten** gehören damit ebenso zu den Orten des Aufwachsens wie der reale soziale Nahraum. Nichts hat die Lebenswelten junger Menschen „in den beiden letzten Jahrzehnten […] so grundlegend und nachhaltig verändert wie die Entwicklungen, die sich im Bereich der

2.3 Grundlagen

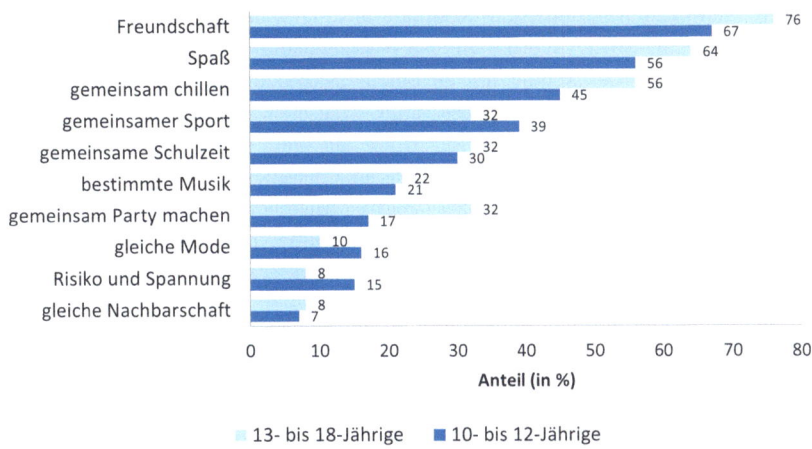

Abb. 2.2 Was verbindet die Clique/Freundesgruppe bei Kindern (10–12 Jahre) und Jugendlichen (13–18 Jahre)? (Mod. nach Maschke et al. 2013, S. 55–56)

elektronischen Medien und den damit verbundenen Kommunikationsmöglichkeiten vollzogen haben" (BMFSFJ 2013, S. 55). Zu den wichtigsten Online-Angeboten gehörten im Jahr 2021 WhatsApp, Instagram, TikTok und Snapchat (MPFS 2021, S. 38). Die Anzahl der „Freunde", die in sozialen Netzwerken in der Regel in einer konkreten Zahl sichtbar wird, dient für viele Jugendliche als eine Art Statussymbol (Grgic und Züchner 2013, S. 177). Neben der Möglichkeit, mit Freunden in Kontakt zu treten, schätzen Jugendliche Online-Netzwerke als elternfreie Zone sowie als Möglichkeit, sich beobachtend im Netzwerk umsehen zu können (Calmbach et al. 2012, S. 52–53). Online-Netzwerke werden vom größten Teil der Jugendlichen „nicht mehr als rein privater Raum begriffen, sondern vielmehr als gestaltbarer Zwischenraum, eine Art öffentliche Privatheit, bei der man andere ins eigene Leben schauen lässt und anderen ins Leben schauen kann" (Calmbach et al. 2012, S. 55).

Auch der **Schule** kommt eine zentrale Bedeutung als Lebenswelt für Kinder und Jugendliche zu. In der Perspektive der Heranwachsenden ist sie allerdings nicht nur ein Lernort, sondern vor allem ein Lebensort. Eindeutige zeitliche und organisatorische Strukturen führen dazu, dass sie „als sozialer Kontakt- und Erfahrungsraum geschätzt" wird (Miethling 2000, S. 4). Heranwachsende gehen daher tendenziell gern zur Schule, was insbesondere damit in Verbindung gebracht wird, dass man sich hier mit Freundinnen und Freunden treffen, Neuigkeiten austauschen, Konflikte austragen und sich verabreden kann (Calmbach et al. 2012, S. 60). Die NRW-Jugendstudie deutet dies im Sinne einer Entwicklung der Schule hin zu einem „sozialen Ereignis" an (Maschke et al. 2013, S. 132). Zugleich erleben junge Menschen in der Schule aber auch gesteigerte Leistungserwartungen mit Blick auf ihre berufliche Zukunft. Der steigende Leistungsdruck lässt sich auch an entsprechenden Problemen festmachen (Hurrelmann und Quenzel 2016). Mädchen kommen mit diesen Erwartungen offensichtlich besser zurecht als Jungen. Diese gelten mitunter schon als „Bildungsverlierer", was nicht nur individuelle, sondern auch gesellschaftspolitische Probleme mit sich bringt (Neuber 2020, S. 71–91).

Neben der Schule und Orten der Freizeitgestaltung, wie Einrichtungen der Jugendhilfe oder Sportvereinen, kommt **öffentlichen Räumen** eine zunehmende Bedeutung zu: „Spielte früher der private Sozialraum, das unmittelbare Umfeld der elterlichen Wohnung, die Nachbarschaft, die Straße, bei der sukzessiven Erschließung der Welt die zentrale Rolle, aber auch noch einige Zeit parallel zur Schule, so erlangen heutzutage […] die Sphären des Staates, des Marktes und der Zivilgesellschaft für die Heranwachsenden eine wachsende Bedeutung" (BMFSFJ 2013, S. 55). Kinder und Jugendliche wachsen heute ganz selbstverständlich in einer Waren- und Konsumwelt auf, was einerseits zu weiteren Entscheidungszwängen, andererseits aber auch zu einer gesteigerten Bedeutung finanzieller Ressourcen führt. Insgesamt sind die Lebenswelten von Kindern und Jugendlichen „offener, pluraler, individueller, vorläufiger [geworden]. Ihre Einbindung in ein ideologisch und wertgebunden stabiles Koordinatensystem wird schwächer, fragiler. Familial geprägte Muster der Lebensführung und Milieus werden vielfach ergänzt, durchbrochen oder fragmentiert durch kinder- und jugendkulturell inszenierte Ausdruckformen, Stile und Präferenzen" (BMFSFJ 2013, S. 56). Zugleich werden Kindheit und Jugend zunehmend institutionalisiert und pädagogisiert.

2.3.3 Wandel des Bildungssystems

Nach dem sogenannten PISA-Schock zu Beginn der 2000-er Jahre wurde das deutsche Bildungssystem von einem bis dato kaum für möglich gehaltenen Reformeifer ergriffen. Von der Kindertagesstätte über die Schule bis hinein in die Hochschule wurden staatliche **Bildungseinrichtungen** neu ausgerichtet. Hinzu kamen zahlreiche nichtstaatliche Einrichtungen, etwa aus der Kinder- und Jugendhilfe, der musisch-kulturellen Bildung oder dem Kinder- und Jugendsport. Sichtbar wurden dabei „die Konturen eines umfassenden und grundlegenden

Strukturwandels des Erziehungs- und Bildungssystems, wie es sich in seiner vorliegenden Gestalt in Deutschland seit etwa dem frühen 19. Jahrhundert herausgebildet hat" (Grunert und Wensierski 2008, S. 9). Der Wandel betrifft sowohl die Ausweitung des öffentlichen Bildungsauftrags von der frühen Kindheit bis hinein ins Erwachsenenalter („**Lebenslanges Lernen**") als auch die zunehmende Verzahnung bislang getrennter Bildungsinstitutionen wie Familie, Schule, Jugendhilfe, Berufsausbildung und Hochschule („**Bildungslandschaft**"). Nach zwei Dekaden stellt sich allerdings die Frage, wie erfolgreich die Reformbemühungen waren. Zudem lohnt ein Blick auf die unterschiedlichen Schwerpunktsetzungen der einzelnen Bildungsakteure.

So kreist die **schulische Bildungsdebatte** nach dem sogenannten PISA-Schock immer noch stark um die Frage nach dem Ertrag des Schulsystems. Durch die Einschränkungen der Corona-Pandemie erfuhr diese Sichtweise zu Beginn der 2020-er Jahre neue Bedeutung (Zierer 2021). Zur Sicherung des Lernerfolgs wurde das Schulsystem in der Folge der sogenannten Klieme-Expertise von der Input- auf die **Outputsteuerung** umgestellt (Klieme et al. 2003). Damit ging eine verstärkte Standardisierung einher: „Bildungsstandards sollen die Messlatte sein, um diesen output zu fassen; sie werden damit das entscheidende Instrument einer Steuerung, die vom output ausgeht" (Kurz und Gogoll 2010, S. 230). Schule und Unterricht werden in dieser Sichtweise als intentional zu steuerndes Geschehen verstanden, das durch eine zielgerichtete didaktisch-methodische Inszenierung zum Erfolg führt. In diesem Zusammenhang avancierte das **Angebots-Nutzungs-Modell** zum maßgeblichen Erklärungsmodell unterrichtlicher Wirkungen (Helmke 2009). Dabei ist es nur folgerichtig, dass das Schulsystem seine eigenen Leistungen über zentrale Lernstanderhebungen und externe Schulleistungsvergleiche regelmäßig empirisch erfasst. Diese „empirische Wende" wird von zahlreichen, oft großangelegten Wirkungsstudien begleitet (Terhart 2012).

Mit der **Standardisierung** schulischer Prozesse ist eine Konzentration auf wenige Kompetenzen und (Kern-)Fächer verbunden, die für die zukünftigen Chancen der Schülerinnen und Schüler auf dem Arbeitsmarkt ausschlaggebend sein sollen. Sogenannte Nebenfächer wie Kunst, Musik und Sport geraten dagegen oft aus dem Blick. Nicht zuletzt die Reaktionen auf die Corona-Pandemie haben gezeigt, dass das Schulsystem weniger auf eine allseitige **Persönlichkeitsentwicklung** als vielmehr auf eine effizienzorientierte Ausrichtung an berufsbezogenen Fähigkeiten ausgerichtet ist (Andresen et al. 2022). Dabei wird durchaus infrage gestellt, ob diese einseitige Ausrichtung tatsächlich förderlich für das spätere Berufsleben der Heranwachsenden ist (vgl. Rauschenbach 2015). Gleichwohl steigt der Druck auf das Schulsystem, sich zu wandeln, sich für neue Aufgaben und Zielgruppen zu öffnen, mit neuen Partnern zu kooperieren – und zugleich den gesteigerten Outputerwartungen gerecht zu werden. Dieser Druck wird an die Schülerinnen und Schüler weitergeben, die versuchen, den steigenden **Leistungserwartungen** gerecht zu werden (vgl. Hurrelmann und Quenzel, 2016).

Im Gegensatz dazu grenzt sich die **außerschulische Bildungsdebatte** von dem funktional-pragmatischen Bildungsverständnis des Schulsystems ab. Dadurch würden zentrale Facetten von Bildung ausgeblendet, etwa körperlich-sinnliche, ästhetische, soziale, politische oder reflexive Momente. Dagegen setzen außerschulische Akteure einen **umfassenden Bildungsbegriff,** der Bildung als handelnde Aneignung von Welt versteht, die sich an unterschiedlichen Orten, mit unterschiedlichen Zielen und in unterschiedlichen Modalitäten ereignet (vgl. Rauschenbach 2015). Bildung kann danach „nur angemessen erfasst werden, wenn die Vielfalt der Bildungsorte und Lernwelten, deren Zusammenspiel, deren wechselseitige Interferenz und Interdependenz, aber auch deren wechselseitige Abschottungen wahrgenommen werden" (BMFSFJ 2005, S. 104). Damit wird der Bildungserfolg nicht mehr allein dem schulischen Bildungssystem zugeschrieben, sondern vielmehr einer systematischen **Verzahnung unterschiedlicher Bildungsanbieter** und -angebote. Außerschulische Bildungsakteure bekommen dadurch mehr Gewicht, die Perspektive kann aber auch als Entlastung des Schulsystems verstanden werden – immerhin wird die Schule damit nicht mehr allein für die schlechten Leistungen von Schülerinnen und Schülern verantwortlich gemacht.

Grundlage der außerschulischen Bildungsdiskussion ist ein komplexes Bildungsverständnis (vgl. Tab. 2.1), das je nach Lernort, Lerninhalt und Inszenierung des Lernens verschiedene Arten des Lernens („Lern- bzw. Bildungsmodalitäten") unterscheidet (Rauschenbach 2015):

- Schulisches Lernen folgt vorrangig einem **formellen Lernbegriff,** der in der Regel auf zielgerichteten, strukturierten und verpflichtenden Erziehungs- und Unterrichtsprozessen beruht, die bewertet und zertifiziert werden.
- Dem steht ein **informeller Lernbegriff** gegenüber, der mehr oder weniger ungeplant, unorganisiert und freiwillig, z. B. in der Freizeit, geschieht, dennoch aber wichtige Impulse für die Entwicklung Heranwachsender liefert.
- Angebote der Kinder- und Jugendhilfe basieren auf einem **non-formalen Lernbegriff,** der durchaus zielgerichtet und geplant, allerdings prinzipiell freiwillig und nicht zertifiziert abläuft; das betrifft z. B. auch die Ganztagsangebote im Sport.

2.3 Grundlagen

Tab. 2.1 Lernmodalitäten. (Neuber 2010, S. 13)

Informelles Lernen	Non-formales Lernen	Formales Lernen
Ungeplant, unorganisiert, freiwillig	Weitgehend zielgerichtet, organisiert, freiwillig	Zielgerichtet, strukturiert, verpflichtend
Innere oder äußere Impulse	Kurse, Übungsstunden, offene Angebote	Erziehung und Unterricht
Familie, Peergroup, Medien	Jugendzentrum, Sportverein, Volkshochschule	Kindergarten, Schule, Hochschule
Keine Zertifikate	Zumeist keine Zertifikate	Zertifikate

Diese analytisch getrennten Lernmodalitäten lassen sich im Lebensalltag oft nur schwer auseinanderhalten, weshalb sich eine integrative Betrachtungsweise durchgesetzt hat. Einen Vorschlag für den Sport hat Heim (2008) in Anlehnung an den 12. Kinder- und Jugendbericht vorgelegt. Er unterscheidet einerseits formale und non-formale **Rahmenbedingungen,** z. B. in Schule und Sportverein. Anderseits differenziert er zwischen formellen und informellen **Bildungsprozessen,** die sowohl unter formalen als auch unter non-formalen Bedingungen auftreten (vgl. Abb. 2.3). So kann der Sportunterricht in der Schule als formeller Bildungsprozess in einem formalen Setting verstanden werden, das freie Bewegungsspiel in der Kindertagesstätte dagegen als informeller Bildungsprozess unter formalen Bedingungen. Eine Gruppenhelferausbildung im Sportverband ist ein weitgehend formalisierter Bildungsprozess in einem non-formalen Setting, während das Gespräch unter Jugendlichen in einer Wettkampfpause informellen Charakter hat und unter non-formalen Bedingungen stattfindet (vgl. Neuber und Golenia 2021). Dieses Model lässt sich noch um informelle Rahmenbedingungen erweitern (siehe Abschn. 3.3.4).

2.3.4 Bewegung, Spiel und Sport in Bildungslandschaften

Die Erweiterung des Bildungsbegriffs über das schulische Lernen hinaus hat dazu geführt, den Bildungsprozess umfassender zu denken und alle potenziellen Bildungsakteure im Sinne einer Bildungslandschaft einzubeziehen. Die Idee der **Bildungslandschaft** bzw. des Bildungsnetzwerks geht davon aus, dass jeder Mensch nach seinen Fähigkeiten und Begabungen gefördert werden soll. Der

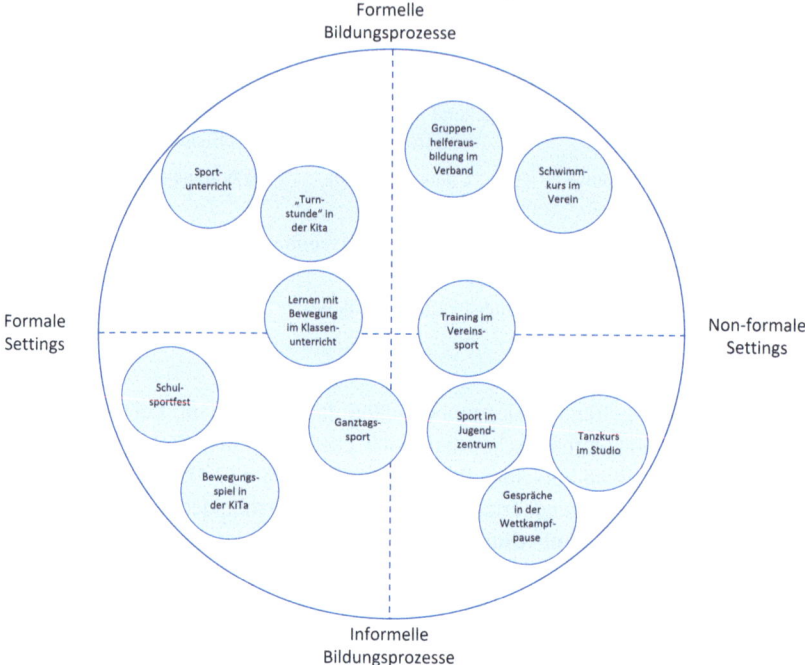

Abb. 2.3 Bildungsmodalitäten im Kontext von Bewegung, Spiel und Sport. (Neuber und Golenia 2021, S. 60, mod. nach Heim 2008)

Bildungserfolg soll vom individuellen Potenzial und nicht von der sozialen Herkunft abhängig sein (vgl. Süßenbach 2021). Bildungslandschaften setzen darum bei der **Bildungsbiografie** jedes einzelnen Menschen an. Kommunale Bildungsanbieter, wie Kindertagesstätten, Schulen, Jugendhilfeeinrichtungen, Kirchen und Sportvereine, kooperieren, um das einzelne Kind, den einzelnen Jugendlichen möglichst optimal zu fördern. Dafür bedarf es eines öffentlichen **Gesamtkonzepts von Erziehung, Bildung und Betreuung** in einer Kommune.

▶ **Bildungslandschaft** Zusammenfassend können Bildungslandschaften verstanden werden als „langfristige, professionell gestaltete, auf gemeinsames, planvolles Handeln abzielende, kommunalpolitisch gewollte Netzwerke zum Thema Bildung, die ausgehend von der Perspektive des lernenden Subjekts formale Bildungsorte und informelle Lernwelten umfassen und sich auf einen definierten lokalen Raum beziehen" (Bleckmann und Durdel 2009, S. 12).

2.3 Grundlagen

Die **Ausgestaltung von Bildungslandschaften** erfolgt durchaus unterschiedlich. So werden beispielsweise schulzentrierte von kooperationszentrierten oder multidimensionalen Bildungslandschaften unterschieden (vgl. Eisnach 2011). Der Diskurs um Bildungslandschaften dreht sich bis dato allerdings „noch sehr stark um institutionelle Planungs- und Vernetzungsfragen, die bildungstheoretischen Grundlagen der Zusammenarbeit bleiben häufig unterbestimmt" (Stolz 2009, S. 88). Das gilt auch für die Rolle des Sports in Bildungsnetzwerken. Erste Ansätze befassen sich mit der Bestimmung des Verhältnisses von Schule und organisiertem Sport im Ganztag (Pack und Ackermann 2011). Tatsächlich bietet die **Ganztagsschule** zahlreiche Anknüpfungspunkte für eine kommunale Vernetzung, z. B. bei der gemeinsamen Angebotsplanung von Schulen und Vereinen. Dabei bieten sich auch Potenziale für die Qualitätsentwicklung in einer Bildungslandschaft (Bockhorst und Krumhöfner, 2020). Insofern kann die Ganztagsschule als **Kristallisationspunkt für Bildungslandschaften** angesehen werden, wobei der außerschulische Sport „in der Regel über den Sportverein institutionalisiert [ist] und […] damit zum Kooperationspartner für die Schule" wird (Süßenbach, 2021, S. 228). Zugleich entstehen hier mit Planungs-, Organisations-, Moderations- und Beratungsaufgaben auch neue Herausforderungen für Sportlehrkräfte (vgl. Neuber und Jordens 2012).

> **Ganztagsschule in kommunalen Bildungslandschaften**
> Der **Wandel des Bildungssystems** ist durch Standardisierung und Outputorientierung der Schule, zugleich aber auch durch eine stärkere Vernetzung der Bildungsakteure auf kommunaler Ebene gekennzeichnet. Dreh- und Angelpunkt dieser Bildungszusammenarbeit ist die **Ganztagsschule,** in der zumeist formale Bildungsprozesse der Schule mit non-formalen Bildungsangeboten außerschulischer Akteure kombiniert werden (vgl. Naul und Neuber 2021). Der Ausbau von Ganztagsschulen wurde von Anfang an massiv vorangetrieben. So gab es im Schuljahr 2002/03 weniger als 5000 Schulen im Ganztagsbetrieb. 2020 waren es mehr als 21.000 Schulen (vgl. KMK 2021). Nur wenige bildungspolitische Reformprojekte dürften die **Schul- und Bildungslandschaft** derart radikal verändert haben. Innerhalb nur einer Dekade ist die Ganztagsschule zu einem „integralen Bestandteil des deutschen Bildungssystems geworden" (Coelen und Stecher 2014, S. 5).

Die Einführung der Ganztagsschule wurde mit anspruchsvollen **Zielsetzungen,** wie der individuellen Förderung aller Schülerinnen und Schüler, einer veränderten Lernkultur oder der Chancengerechtigkeit im Bildungssystem, verbunden (vgl. Rauschenbach et al. 2012). Inwieweit diese ambitionierten Ziele erreicht wurden, ist umstritten. Immerhin konnten gewisse Erfolge bei zielgerichteten Programmen der Lese-Rechtschreib-Förderung oder im Bereich sozialer Kompetenzen festgestellt werden (vgl. StEG 2019). Gleichwohl ist die Bilanz auch im Hinblick auf den **Ganztagssport** eher ernüchternd. Zielgerichtete Programme zur motorischen Talentförderung sind ebenso Mangelware wie die Förderung sozialer Talente im Sport. Immerhin dürfte der Ganztagsbetrieb nicht zu einer Abnahme der Bewegungszeiten von Heranwachsenden geführt haben (vgl. Naul und Neuber 2021). Nach einer Phase des Aufbaus ist die **Ganztagsschulentwicklung** zu Beginn der 2020-er Jahre etwas in Stocken geraten. Über 60 % der Schulen und mehr als 50 % der Schülerinnen und Schüler befanden sich zu diesem Zeitpunkt in Deutschland im Ganztagsbetrieb (vgl. KMK 2021). Mit dem bundesweiten Rechtsanspruch auf einen Ganztagsplatz in der Grundschule ab dem Jahr 2026 dürfte der Reformeifer in Bezug auf die Ganztagsschule aber erneut Fahrt aufnehmen.

Bewegungs-, Spiel- und Sportaktivitäten gehören zu den beliebtesten und häufigsten Angeboten von Ganztagsschulen. Jedes dritte Ganztagsangebot in Deutschland ist ein Sportangebot (Neuber et al. 2015). Insofern ist der Ganztagssport nicht nur ein zentrales Angebot für junge Menschen, sondern auch eine große Chance für die Schulsportentwicklung (Neuber, 2020, S. 137–158). Dazu ist es allerdings erforderlich, über den Sportunterricht als isoliertes Unterrichtsfach hinauszudenken und den **Schulsport im Gesamtkontext** einer Bildungslandschaft zu verstehen (vgl. Abb. 2.4). In diesem Sinne können vier Planungsebenen unterschieden werden (Pack und Bockhorst 2011):

- Auf der Ebene des **Schulsportkonzepts** sind der Sportunterricht, der außerunterrichtliche Schulsport und – eng damit verknüpft – die Sportangebote im Ganztag sowie das Lernen mit Bewegung in anderen Fächern zu unterscheiden.
- Die Bewegungs-, Spiel- und Sportangebote sind eingebettet in das **Ganztagskonzept,** das neben Aussagen zum allgemeinen Förderkonzept u. a. Angaben zur Hausaufgabenbetreuung, zur Mittagspause sowie zu den Freizeitangeboten enthält.

2.4 Soziokulturelle Rahmenbedingungen im Überblick

- Im Rahmen des **Schulprogramms** wird das Profil der Einzelschule konkretisiert; in Bezug auf Bewegung, Spiel und Sport sind unterschiedliche Ansätze der bewegten und sportorientierten Schule möglich.
- Auf der Ebene der **Schul-, Jugendhilfe- und Sportentwicklung** werden die Leitlinien der kommunalen Bildungsplanung entworfen, in die im Sinne des Netzwerkgedankens auch die Schulsportentwicklung der Einzelschule eingebunden ist.

▶ **Literaturtipp** Süßenbach, J. (2021). Der Kinder- und Jugendsport in kommunalen Bildungslandschaften – wo geht die Reise hin? In N. Neuber (Hrsg.), *Kinder- und Jugendsportforschung in Deutschland – Bilanz und Perspektive* (S. 225–243). Springer VS.

Jessica Süßenbach hat sich bereits mehrfach mit den Chancen des Kinder- und Jugendsports in Bildungslandschaften befasst und zeigt hier, wie in diesem Zusammenhang besonders soziale Initiativen gefördert werden können.

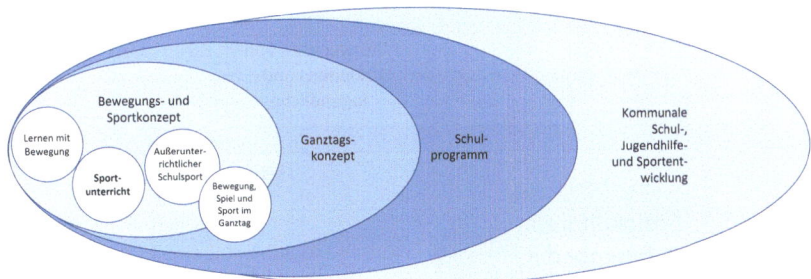

Abb. 2.4 Planungsebenen für Bewegung, Spiel und Sport in der Ganztagsschule. (Mod. nach Landessportbund NRW 2004, S. 11)

2.4 Soziokulturelle Rahmenbedingungen im Überblick

Die soziokulturellen Rahmenbedingungen gehören zu den allgemeinen Grundlagen des Sportunterrichts. Sie bilden den **gesellschaftlichen Kontext,** in dem Bewegungs-, Spiel- und Sportangebote für Kinder- und Jugendliche stattfinden (vgl. Abb. 2.5). Ausgehend von sozialen Wandlungsprozessen haben sich moderne Gesellschaften in den vergangenen zwei, drei Jahrzehnten massiv gewandelt. Sie sind individueller und pluraler geworden und verlangen von jungen Menschen mehr Verantwortung für das eigene Aufwachsen. Diese Veränderungen finden sich auch im Verhalten von Kindern und Jugendlichen wieder, das oft als „pragmatisch" beschrieben wird. Zugleich haben sich die **Lebenswelten** von Heranwachsenden gewandelt und sind digitaler, dynamischer und öffentlicher geworden. Auch das **Bildungssystem** befindet sich im Umbruch. Zum einen ist es stärker am Output orientiert als früher, vor allem in den sogenannten Kernfächern. Zum anderen findet Bildung an vielen Orten und zu vielen Zeitpunkten statt. Die Idee der kommunalen Bildungslandschaft verdeutlicht diese Entwicklung. Inwiefern dem Sport in modernen Gesellschaften eine zentrale Bedeutung zukommt, kann diskutiert werden. Gleichwohl finden **Bewegungs-, Spiel- und Sportangebote** für Kinder und Jugendliche unter diesen Rahmenbedingungen statt und müssen vor diesem Hintergrund inszeniert werden.

Abb. 2.5 Soziokulturelle Rahmenbedingungen im Überblick. (Eigene Abbildung)

Reflexionsfragen

1. Inwiefern sind Bewegungs-, Spiel- und Sportangebote für Kinder und Jugendliche abhängig von den soziokulturellen Rahmenbedingungen einer Gesellschaft?
2. Warum liegt die Verantwortung für die eigene Biografie in modernen Gesellschaften beim Individuum?
3. Was ist mit der Zunahme der öffentlichen Verantwortung für das Aufwachsen von Kindern und Jugendlichen gemeint?
4. Warum werden die Jugendgenerationen zu Beginn des 21. Jahrhunderts als „pragmatische" Generationen bezeichnet?
5. Wodurch unterscheiden sich die verschiedenen Lebenswelten von Heranwachsenden heute?
6. Was ist damit gemeint, dass die Schule für viele junge Menschen nicht nur ein Lern-, sondern auch ein Lebensort ist?
7. Wodurch unterscheiden sich schulische und außerschulische Bildungsdebatten?
8. Inwiefern unterscheidet sich das Lernen in Schule, Ganztagsschule und Sportverein?
9. Wieso erfordert eine Bildungslandschaft ein kommunales Gesamtkonzept von Erziehung, Bildung und Betreuung?
10. Warum ist die Ganztagsschule ein Kristallisationspunkt des Sports in einer Bildungslandschaft?

Literatur

Albert, M., Hurrelmann, K., & Quenzel, G. (2010). Zusammenfassung. In Shell Deutschland (Hrsg.), *Jugend 2010. 16. Shell-Jugendstudie. Eine pragmatische Generation behauptet sich* (S. 15–36). Frankfurt/M.: Fischer.

Andresen, S., Lips, A., Rusack, T., Schröer, W., Thomas, S., & Wilmes, J. (2022). *Verpasst? Verschoben? Verunsichert? Erste Ergebnisse der JuCo III-Studie – Erfahrungen junger Menschen während der Corona-Pandemie im Winter 2021*. Hildesheim: Universitätsverlag.

Beck, U. (1986). *Risikogesellschaft – Auf dem Weg in eine andere Moderne*. Frankfurt/M.: Suhrkamp.

Bleckmann, P., & Durdel, A. (2009). Einführung: Lokale Bildungslandschaften – die zweifache Öffnung. In P. Bleckmann & A. Durdel (Hrsg.), *Lokale Bildungslandschaften. Perspektiven für Ganztagsschulen und Kommunen* (S. 11–17). Wiesbaden: VS.

Bockhorst, R., & Krumhöfner, A. (2020). Das Projekt „Qualität im Ganztag" – Förderung der Kooperationen zwischen Sportvereinen und Schulen im Landkreis Gütersloh. *Forum Kinder- und Jugendsport – Zeitschrift für Forschung, Transfer und Praxisdialog, 1*, 53–58. https://doi.org/10.1007/s43594-020-00012-7

BMFSFJ (Bundesministerium für Familie, Senioren, Frauen und Jugend). (2005). *12. Kinder- und Jugendbericht*. Berlin: BMFSFJ.

BMFSFJ (Bundesministerium für Familie, Senioren, Frauen und Jugend). (2013). *14. Kinder- und Jugendbericht – Bericht über die Lebenssituation junger Menschen und die Leistungen der Kinder- und Jugendhilfe in Deutschland*. Berlin: BMFSFJ.

BMFSFJ (Bundesministerium für Familie, Senioren, Frauen und Jugend). (2020). *16. Kinder- und Jugendbericht – Förderung demokratischer Bildung im Kindes- und Jugendalter*. Berlin: BMFSFJ.

Bronfenbrenner, U. (1981). *Die Ökologie der menschlichen Entwicklung – Natürliche und geplante Experimente*. Frankfurt/M.: Fischer.

Calmbach, M., Thomas, P. M., Borchard, I., & Flaig, B. (2012). *Wie Ticken Jugendliche? 2012. Lebenswelten von Jugendlichen im Alter von 14 bis 17 Jahren in Deutschland*. Düsseldorf: Altenberg.

Calmbach, M., Flaig, B., Edwards, J., Möller-Slawinski, H., Borchard, I., & Schleer, C. (2020). *SINUS-Jugendstudie 2020. Lebenswelten von Jugendlichen im Alter von 14–17 Jahren in Deutschland*. Bonn: Bundeszentrale für politische Bildung.

Coelen, T., & Stecher, L. (2014). *Einführung Ganztagsschule*. Weinheim, Basel: Beltz Juventa.

Eisnach, K. (2011). *Ganztagsschulentwicklung in einer kommunalen Bildungslandschaft. Möglichkeiten und Grenzen von Unterstützungsstrukturen*. Wiesbaden: VS.

Ferrero Deutschland (Hrsg.). (2013). *KinderStudie 2013. Die Welt mit Kinderaugen sehen. Ergebnisse einer Studie mit 4- bis 12-jährigen Kindern und deren Mütter*. Zugriff am 18.12.2014 http://www.emediarelease.de/uploads/downloads/3927_Zusammenfassung_kinderStudie_2013.pdf.

Grgic, M., & Züchner, I. (Hrsg.). (2013). *Medien, Kultur und Sport. Was Kinder und Jugendliche machen und ihnen wichtig ist. Die MediKuS-Studie*. Weinheim, Basel: Beltz Juventa.

Größing, S. (1993). *Bewegungskultur und Bewegungserziehung – Grundlagen einer sinnorientierten Bewegungspädagogik*. Schorndorf: Hofmann.

Größing, S. (2007). *Einführung in die Sportdidaktik* (9., überarbeitete und erweiterte Aufl.). Wiebelsheim: Limpert.

Grunert, C., & Wensierski, H. J. (2008). Jugend und Bildung – Modernisierungsprozesse und Strukturwandel von Erziehung und Bildung im 21. Jahrhundert – Einleitung. In C. Grunert & H. J. Wensierski (Hrsg.), *Jugend und Bildung – Modernisierungsprozesse und Strukturwandel von Erziehung und Bildung am Beginn des 21. Jahrhunderts* (S. 9–15). Opladen: Barbara Budrich.

Güllich, A., & Krüger, M. (Hrsg.). (2022). *Sport. Ein Lehrbuch für das Sportstudium* (2. Aufl.). Berlin: Springer Spektrum.

Heim, C. (2008). Bewegung, Spiel und Sport im Kontext von Bildung. In W. Schmidt (Hrsg.), *Zweiter Deutscher Kinder- und Jugendsportbericht. Schwerpunkt: Kindheit* (S. 21–42). Schorndorf: Hofmann.

Helmke, A. (2009). *Unterrichtsqualität und Lehrerprofessionalität. Diagnose, Evaluation und Verbesserung des Unterrichts* (2. Aufl.). Seelze-Velber: Kallmeyer.

Hornstein, W. (1997). Jugendforschung – Jugendpädagogik. In R. Fatke (Hrsg.), *Forschungs- und Handlungsfelder der Pädagogik* (Beiheft der Zeitschrift für Pädagogik, 36, S. 13–50). Weinheim, Basel: Beltz.

Hurrelmann, K., Linssen, R., Albert, M., & Quellenberg, H. (2003). In Deutsche Shell (Hrsg.), *Jugend 2002 – Zwischen pragmatischem Idealismus und robustem Materialismus* (14. Shell-Jugendstudie, 4. Aufl., S. 31–51). Frankfurt/M.: Fischer.

Hurrelmann, K., & Andresen, S. (Hrsg.). (2010). *Kinder in Deutschland 2010. 2. World Vision Kinderstudie.* Frankfurt am Main: Fischer.

Hurrelmann, K., & Quenzel, G. (2016). *Lebensphase Jugend – Eine Einführung in die sozialwissenschaftliche Jugendforschung* (13. überarbeitete Aufl.). Weinheim, Basel: Beltz Juventa.

Jank, W., & Meyer, H. (2020). *Didaktische Modelle*. Berlin: Cornelsen.

Klieme, E., Avenarius, H., Blum, W., Döbrich, P., Gruber, H., & Prenzel, M. (2003). *Zur Entwicklung nationaler Bildungsstandards. Eine Expertise.* Berlin: BMBF.

KMK (Kultusministerkonferenz). (2021). *Allgemeinbildende Schulen in Ganztagsform in den Ländern in der Bundesrepublik Deutschland – Statistik 2016 bis 2020.* Zugriff am 28.07.2022 https://www.kmk.org/fileadmin/Dateien/pdf/Statistik/Dokumentationen/GTS_2020_Bericht.pdf.

Kurz, D., & Gogoll, A. (2010). Standards und Kompetenzen. In N. Fessler, A. Hummel & G. Stibbe (Hrsg.), *Handbuch Schulsport* (S. 227–244). Schorndorf: Hofmann.

Landessportbund NRW. (2004). *Sport im Ganztag. Schwerpunkte, Praxis, Perspektiven* (7. Aufl.). Duisburg: LSB.

Maschke, S., Stecher, L., Coelen, T., Ecarius, J., & Gusinde, F. (Hrsg.). (2013). *Appsolutely smart! Ergebnisse der Studie Jugend.Leben.* Bielefeld: WBV.

MPFS (Medienpädagogischer Forschungsverbund Südwest). (Hrsg.). (2021). *JIM-Studie 2021 – Jugend, Information, Medien.* Zugriff am 28.07.2022 unter https://www.mpfs.de/fileadmin/files/Studien/JIM/2021/JIM-Studie_2021_barrierefrei.pdf.

Miethling, W. D. (2000). Schülerinnen und Schüler im Unterrichtsalltag. *Sportpädagogik, 24*(6), 2–7.

Münchmeier, R. (1998). „Entstrukturierung" der Jugendphase – Zum Strukturwandel des Aufwachsens und zu den Konsequenzen für die Jugendforschung und Jugendtheorie. *Aus Politik und Zeitgeschichte, 31,* 3–13.

Mutz, M., & Burrmann, U. (2015). Integration. In W. Schmidt, N. Neuber, T. Rauschenbach, H. P. Brandl-Bredenbeck, J. Süßenbach & C. Breuer (Hrsg.), *Dritter Deutscher Kinder- und Jugendsportbericht. Kinder- und Jugendsport im Umbruch* (S. 255–271). Schorndorf: Hofmann.

Naul, R., & Neuber, N. (2021). Sport im Ganztag – Zwischenbilanz und Perspektiven. In N. Neuber (Hrsg.), *Kinder- und Jugendsportforschung in Deutschland – Bilanz und Perspektive.* Wiesbaden: Springer.

Neuber, N. (2010). Informelles Lernen im Sport – ein vernachlässigtes Feld der allgemeinen Bildungsdebatte. In N. Neuber (Hrsg.), *Informelles Lernen im Sport – Beiträge zur allgemeinen Bildungsdebatte* (S. 9–31). Wiesbaden: VS.

Neuber, N. (2020). *Fachdidaktische Konzepte Sport – Zielgruppen und Voraussetzungen* (Basiswissen Lernen im Sport). Wiesbaden: Springer VS. https://doi.org/10.1007/978-3-658-28464-0.

Neuber, N. (Hrsg.). (2021a). Kinder- und Jugendsportforschung in Deutschland – Bilanz und Perspektive (Bildung und Sport, 26). Wiesbaden: Springer VS. https://doi.org/10.1007/978-3-658-30776-9.

Neuber, N. (2021b). *Fachdidaktische Konzepte Sport II – Themenfelder und Perspektiven* (Basiswissen Lernen im Sport). Wiesbaden: Springer VS. https://doi.org/10.1007/978-3-658-30249-8.

Neuber, N., & Golenia, M. (2021). Lernorte für Kinder und Jugendliche im Sport. In A. Güllich & M. Krüger (Hrsg.), *Sport in Kultur und Gesellschaft – Handbuch Sport und Sportwissenschaft* (S. 55–71). Berlin, Heidelberg: Springer.

Neuber, N., & Jordens, J. (2012). Verschlafen die Sportlehrkräfte den Ganztag? – Zum Wandel der Sportlehrerrolle in kommunalen Bildungslandschaften. *Sportunterricht, 61*(10), 291–296.

Neuber, N., Kaufmann, N., & Salomon, S. (2015). Ganztag und Sport. In W. Schmidt, N. Neuber, T. Rauschenbach, H. P. Brandl-Bredenbeck, J. Süßenbach & C. Breuer (Hrsg.), *Dritter Deutscher Kinder- und Jugendsportbericht. Kinder- und Jugendsport im Umbruch* (S. 416–443). Schorndorf: Hofmann.

Neuber, N., & Salomon, S. (2015). Aufwachsen im Wandel. In W. Schmidt, N. Neuber, T. Rauschenbach, H.-P. Brandl-Bredenbeck, J. Süßenbach & C. Breuer (Hrsg.), Dritter Deutscher Kinder- und Jugendsportbericht: Kinder- und Jugendsport im Umbruch (S. 24-49). Schorndorf: Hofmann.

Pack, R.-P., & Ackermann, S. (2011). Sport als Netzwerkpartner in kommunalen Bildungslandschaften. In M. Krüger & N. Neuber (Hrsg.), *Bildung im Sport – Beiträge zu einer zeitgemäßen Bildungsdebatte* (S. 233–249). Wiesbaden: VS.

Pack, R.-P., & Bockhorst, R. (2011). Bewegung, Spiel und Sport in Ganztagsschulen als Impulsgeber für die Entwicklung von kommunalen Bildungslandschaften. In R. Naul (Hrsg.), *Bewegung, Spiel und Sport in der Ganztagsschule – Bilanz und Perspektiven* (S. 164–181). Aachen: Meyer & Meyer.

Rauschenbach, T., Arnoldt, B., Steiner, C., & Stolz, H.-J. (2012). *Ganztagsschule als Hoffnungsträger für die Zukunft? Ein Reformprojekt auf dem Prüfstand. Expertise des Deutschen Jugendinstituts (DJI) im Auftrag der Bertelsmann Stiftung*. Gütersloh: Bertelsmann Stiftung.

Rauschenbach, T. (2015). Umbrüche im Bildungswesen. In W. Schmidt, N. Neuber, T. Rauschenbach, H. P. Brandl-Bredenbeck, J. Süßenbach & C. Breuer (Hrsg.), *Dritter Kinder- und Jugendsportbericht. Kinder- und Jugendsport im Umbruch* (S. 50–77). Schorndorf: Hofmann.

Reinders, H. (2006). *Jugendtypen zwischen Bildung und Freizeit – Theoretische Präzisierung und empirische Prüfung einer differenziellen Theorie der Adoleszenz*. Münster: Waxmann.

Rosa, H. (2005). *Beschleunigung – Die Veränderung der Zeitstrukturen in der Moderne*. Frankfurt/M.: Suhrkamp.

Schmidt, W. (2015). Informeller Sport. In W. Schmidt, N. Neuber, T. Rauschenbach, H. P. Brandl-Bredenbeck, J. Süßenbach & C. Breuer (Hrsg.), *Dritter Deutscher Kinder- und Jugendsportbericht. Kinder- und Jugendsport im Umbruch* (S. 201–216). Schorndorf: Hofmann.

Schmidt, W., Neuber, N., Rauschenbach, T., Brandl-Bredenbeck, H. P., Süßenbach, J., & Breuer, C. (Hrsg.). (2015). *Dritter Deutscher Kinder- und Jugendsportbericht. Kinder- und Jugendsport im Umbruch*. Schorndorf: Hofmann.

Schneekloth, U., & Pupeter, M. (2010). Familie als Zentrum: Bunt und vielfältig, aber nicht für alle Kinder gleich verlässlich. In K. Hurrelmann & S. Andresen (Hrsg.), *Kinder in Deutschland 2010. 2. World Vision Kinderstudie* (S. 61–94). Frankfurt am Main: Fischer.

Schneewind, K. A. (2008). Sozialisation in der Familie. In K. Hurrelmann, M. Grundmann & S. Walper (Hrsg.), *Handbuch Sozialisationsforschung* (7., vollständig überarbeitete Aufl., S. 256–273). Weinheim, Basel: Beltz.

Schubert, K., & Klein, M. (2022). *Das Politiklexikon* (7., aktualisierte und erweiterte Aufl.). Bonn: Bundeszentrale für politische Bildung.

Shell Deutschland (Hrsg.). (2019). *Jugend 2019 – Eine Generation meldet sich zu Wort* (18. Shell-Jugendstudie). Weinheim, Basel: Beltz.

Stolz, H. J. (2009). Schule und Jugendhilfe als Partner. *Deutsche Zeitschrift für Kommunalwissenschaften, 48*(1), 77–90.

StEG (Studie zur Entwicklung von Ganztagsschulen). (2019). Individuelle Förderung - Potenziale der Ganztagsschule. Frankfurt am Main: StEG-Konsortium.

Süßenbach, J. (2021). Der Kinder- und Jugendsport in kommunalen Bildungslandschaften – wo geht die Reise hin? In N. Neuber (Hrsg.), *Kinder- und Jugendsportforschung in Deutschland – Bilanz und Perspektive* (S. 225–243). Springer VS. https://doi.org/10.1007/978-3-658-30776-9_11.

Terhart, E. (2012). Wie wirkt Lehrerbildung? Forschungsprobleme und Gestaltungsfragen. *Zeitschrift für Bildungsforschung, 2*(1), 3–21.

Tillmann, K.-J. (2010). *Sozialisationstheorien. Eine Einführung in den Zusammenhang von Gesellschaft, Institution und Subjektwerdung* (2., erweiterte Aufl.). Reinbek: Rowohlt.

Vorländer, H. (2013). Krise, Kritik und Szenarien: Zur Lage der Demokratie. *Zeitschrift für Politikwissenschaft, 23*(2), 267–277.

Wopp, C. (2007). Lebenswelt, Jugendkulturen und Sport in der Schule. In R. Laging (Hrsg.), *Neues Taschenbuch des Sportunterrichts. Kompaktausgabe* (S. 104–122). Baltmannsweiler: Schneider.

Zierer, K. (2021). *Ein Jahr zum Vergessen – Wie wir die Bildungskatastrophe nach Corona verhindern*. Freiburg: Herder.

Zinnecker, J., Behnken, I., Maschke, S., & Stecher, L. (2002). *Null zoff & voll busy – Die erste Jugendgeneration des neuen Jahrhunderts*. Opladen: Leske + Budrich.

Pädagogische Grundlagen 3

Zusammenfassung

Das Kapitel befasst sich mit zentralen pädagogischen Voraussetzungen von Bewegungs-, Spiel- und Sportangeboten für Kinder- und Jugendliche. Ausgehend vom Begriff des pädagogischen Handelns werden der Sport als pädagogisches Handlungsfeld, sportpädagogische Begründungen, sportpädagogisches Handeln im Sinne einer Erziehung zum und durch Sport sowie Lernorte für Kinder und Jugendliche im Sport dargestellt. Ein Exkurs zum Erziehenden Sportunterricht ergänzt das Kapitel.

3.1 Einführung

Eine pädagogische Auslegung des Sports zielt insbesondere auf die Förderung von Kindern und Jugendlichen. Dafür liefert die **Sportpädagogik** relevante Begründungsmuster. Sie kann als diejenige Teildisziplin der Erziehungs- und Sportwissenschaft verstanden werden, „die das sportliche und spielerische Bewegungshandeln in seinen institutionalisierten und nichtinstitutionalisierten Formen vorrangig unter den Motiven Erziehung, Bildung, Sozialisation und Lernen" untersucht (Meinberg 1996, S. 17). Die Sportpädagogik beschäftigt sich vor allem mit **Sinn- und Begründungsfragen** pädagogischen Handelns im Sport und bildet damit einen pädagogischen Rahmen. Die Sportdidaktik befasst sich dagegen „mit konkreten Situationen, Phänomenen und Prozessen des Lehrens und Lernens" im Sport (Scheid und Oesterhelt 2022, S. 29). Insofern fragt die Sportpädagogik eher nach Begründungen und Zielen einer sportbezogenen Förderung, also nach dem „Warum?" und „Wozu?", während die **Sportdidaktik** nach dem „Was?" und dem „Wie?", also nach den Inhalten und Methoden, fragt (vgl. Prohl und Scheid 2022).

Ähnlich wie die Sportdidaktik konzentriert sich die Sportpädagogik über weite Teile auf **Schule und Schulsport.** Das ist zum einen institutionell bedingt, weil sportwissenschaftliche Institute vor allem Sportlehrkräfte qualifizieren. Zum anderen hängt es damit zusammen, dass die ästhetischen Unterrichtsfächer Kunst, Musik und Sport in besonderer Weise gefordert sind, sich mit „der Frage nach dem Sinn ihrer Unterrichtsinhalte und damit verbunden auch nach der Berechtigung der Existenz als schulisches Unterrichtsfach zu befassen" (Prohl und Scheid 2022, S. 10). Neben dem Schulsport gibt es eine ganze Reihe an außerschulischen Handlungsfeldern, in denen Heranwachsende sich bewegen und Sport treiben. Zum **Kinder- und Jugendsport** zählen neben dem Vereinssport beispielsweise der Sport in der Jugendhilfe, der informelle Sport sowie der kommerzielle Sport (vgl. Schmidt et al. 2015). Die Begründungen und Zielsetzungen für diese Felder sind durchaus unterschiedlich. Mitunter verfolgen sie nicht einmal explizit pädagogische Ziele. Dennoch können sie pädagogisch wirksam sein. Für das Verständnis von **sportpädagogischem Handeln** ist es hilfreich, sich die pädagogischen Grundlagen von Sport und Sportunterricht zu vergegenwärtigen.

3.2 Grundbegriffe

Den Ausgangspunkt des Kapitels bildet der Begriff des **pädagogischen Handelns,** das als Vermittlungsverhältnis zwischen Lehrenden und Lernenden verstanden wird und grundsätzlich ambivalent und asymmetrisch angelegt ist (Helsper 2010). **Sportpädagogisches Handeln** kann dementsprechend als „interaktiv-asymmetrisches Vermittlungsverhältnis" im Feld von Bewegung, Spiel und Sport verstanden werden. Im Kern dieses Vermittlungsverhältnisses liegt die **pädagogische Beziehung** zwischen Erziehenden und zu Erziehenden – oder „Erzieher" und „Zögling" –, die durch eine positive emotionale Bindung, zugleich aber auch durch ein Kompetenz- und Machtgefälle gekennzeichnet ist, das prinzipiell nicht aufgelöst werden kann (Trenz 2019). Als **Grundformen pädagogischen Handelns** gelten Erziehung und Bildung. Daneben gehören Unterricht, Organisation, Diagnose, Beratung, Hilfe und Betreuung zu zentralen Formen der pädagogischen Tätigkeit (Neuber 2007, S. 73–81).

▶ **Erziehender Sportunterricht** Für sportpädagogisches Handeln ist das Konzept des erziehenden Sportunterrichts maßgeblich, das sich durch den doppelten Auftrag einer *Erziehung zum* und *durch Sport* auszeichnet und durch entsprechende pädagogische Prinzipien und Perspektiven strukturiert wird (vgl. Prohl 2022).

Das **sportpädagogische Handlungsfeld** ist durch spezifische, nicht austauschbare Lerngelegenheiten charakterisiert, beispielsweise durch ein hohes Maß an Identifikation und Offenheit, Authentizität und Interaktion. Zugleich ist es ein ambivalentes Erfahrungsfeld, in dem einerseits Erfolg und Bestätigung, andererseits aber auch Misserfolg und Ausgrenzung erlebt werden können (vgl. Grimminger 2015). **Sportpädagogische Begründungen** greifen auf unterschiedliche Wissenschaftsdisziplinen zurück, z. B. Anthropologie, Entwicklungs- und Lerntheorie, Gesundheitswissenschaft oder Schulkulturforschung. Sie helfen dabei, sportpädagogische Zielsetzungen abzuleiten und normativ zu begründen (vgl. Balz et al. 2022). Neben der Schule können weitere **Lernorte** für Kinder und Jugendliche im Sport beschrieben werden, u. a. Sportvereine, Ganztagsschulen, informelle und kommerzielle Sportangebote. Vor dem Hintergrund eines komplexen Bildungsverständnisses bieten diese Lernorte unterschiedliche Lernpotenziale (Neuber und Golenia 2021).

3.3 Grundlagen

Pädagogisches Handeln ist ein Phänomen der Neuzeit. Erst als mit Beginn der Aufklärung die Dominanz der Kirche überwunden wurde, als sich feudale Standesordnungen auflösten und die Industrialisierung nach ausgebildeten Arbeitskräften verlangte, wurde ein differenziertes pädagogisches Handeln nötig (vgl. Oelkers 2001). Erste Entwürfe des pädagogischen Handelns verstanden den **Pädagogen als Handwerker,** der im Sinne einer „pädagogischen Maschine" nur die richtigen Handgriffe tun muss, um die angestrebten Wirkungen zu erzielen. Einer vergleichbaren Logik folgt auch die Vorstellung vom **Pädagogen als Gärtner,** der lediglich das „natürliche" Wachstum des Kindes zu gewährleisten hat, damit es sich angemessen entwickelt. Diese „Pädagogik des Wachsenlassens" ist bis heute für weite Teile der Reformpädagogik leitend (Idel und Ulrich 2017). Eine Kritik an diesen naiven Verständnisweisen beruft sich auf das sogenannte **strukturelle Technologiedefizit** pädagogischen Handelns (Luhmann und Schorr 1982). Pädagogischer Erfolg lässt sich danach nicht linear anstreben, geschweige denn methodisch kontrollieren. Vielmehr ist pädagogisches Handeln grundsätzlich unsicher und ambivalent: „Der Pädagoge muss mit Veränderungsabsichten handeln, ohne über Ursache-Wirkungs-Zusammenhänge verfügen zu können, und mit ungewollten Nebenwirkungen rechnen, die seine Absicht durchkreuzen können" (Helsper 2010, S. 18–19).

Zudem findet pädagogisches Handeln in einem interaktiven **Vermittlungsverhältnis** zwischen „Erzieher" und „Zögling" statt, das mit Wissens-, Kompetenz- und Machtunterschieden einhergeht. Die geisteswissenschaftliche Pädagogik verstand diese Beziehung als „das leidenschaftliche Verhältnis eines reifen Menschen zu einem werdenden Menschen, und zwar um seiner selbst willen, dass er zu seinem Leben und seiner Form komme" (Nohl 1963, S. 134). Dieser **pädagogische Bezug** entwickelte sich in der Folge weiter zur Lehrer-Schüler-Interaktion, die die Wechselseitigkeit der Beziehung zwischen Lehrenden und Lernenden betont (vgl. Trenz 2019). Zentraler Ansatzpunkt bleibt dabei die Herstellung einer **positiven Beziehung,** die der Psychologe Carl Rogers (1989) mit den Grundhaltungen „Wertschätzung/Akzeptanz", „Verstehen/Empathie" und „Echtheit/Authentizität" beschreibt. Vor diesem Hintergrund wurden mit dem autoritären, dem demokratischen und dem Laisser-faire-Stil drei zentrale **Erziehungsstile** abgeleitet, durch die sich das Verhältnis von Lehrenden und Lernenden charakterisieren lässt (Tausch und Tausch, 1998). Grundsätzlich bleibt das Verhältnis von Erziehenden und Zu-Erziehenden jedoch spannungsreich; die prinzipielle Asymmetrie ist unhintergehbar.

Ebenso ist das Verhältnis von **Einzelfall und Regelwissen** grundsätzlich nicht auflösbar. Pädagogisches Handeln zielt üblicherweise auf eine größere Gruppe von Menschen, was bedeutet, dass Erziehende darauf angewiesen sind, zur Gestaltung ihres Handelns auf allgemeingültige, mehr oder weniger wissenschaftlich abgesicherte Regeln zurückzugreifen. Ohne diese **„Subsumtionslogik"** wären sie im pädagogischen Alltag verloren. Andererseits lässt sich die Spezifik des Einzelfalls „keiner abstrakten Regel und keinem technologisierbaren Procedere unterwerfen, sondern bedarf stets einer fallrekonstruktiven Komponente, in der verallgemeinerte Erklärungsmuster und theoretische Wissensbestände auf ihre Fallangemessenheit hin überprüft, revidiert und ausgelegt werden müssen" (Helsper 1996, S. 532). Die pädagogische Tätigkeit bewegt sich also prinzipiell in einem Spannungsfeld zwischen abstraktem Regelwissen und konkretem Fallbezug.

▶ **Pädagogisches Handeln** kann damit zusammenfassend „als interaktiv-asymmetrisches Vermittlungsverhältnis in der Spannung von Fallverstehen und Regelwissen" definiert werden (Helsper 2010, S. 31), das unter prinzipiell unsicheren, letztlich immer ambivalenten Handlungsbedingungen stattfindet.

3.3 Grundlagen

Die **Ambivalenzen** sind in hohem Maße von den soziokulturellen Rahmenbedingungen abhängig. Vor dem Hintergrund gesellschaftlicher Umbrüche der Moderne (siehe Kap. 2) ist deshalb davon auszugehen, „dass die antinomischen Grundspannungen des Lehrerhandelns [...] eine Steigerung erfahren und neue Reflexions- und Handlungsansprüche für Lehrer generieren" (Helsper 1996, S. 521). In diesem Sinne definiert Helsper (2010) vier **Antinomien pädagogischen Handelns** in der Moderne: Nähe vs. Distanz, Autonomie vs. Zwang, Interaktion vs. Organisation sowie kulturelle Differenz vs. Einheit (Neuber 2007, S. 64–73). So zielt pädagogisches Handeln beispielsweise auf die Autonomie der Lernenden, findet zugleich aber vor dem Hintergrund sozialer Normen und institutioneller Regeln statt, die nicht hintergangen werden dürfen. Lehrkräfte können in dieser Situation nur in einem **„Als-ob-Modus"** handeln: „Sie unterstellen die Autonomie möglicher Verantwortungsübernahme und damit die mögliche Autonomie des Kindes", obwohl diese de facto nicht gegeben ist (Helsper 2010, S. 20).

In dieser paradoxen Situation können Lehrkräfte auf verschiedene **Grundformen pädagogischen Handelns** zurückgreifen. Erziehung und Bildung werden dabei als zentrale Formen pädagogischen Handelns angesehen. Weitere Grundformen sind Unterricht, Organisation, Diagnose, Beratung und Hilfe (Krüger und Helsper 2010). Mit Blick auf die gesteigerten pädagogischen Herausforderungen im Ganztag kann zudem die Betreuung als weitere Form ergänzt werden. Daraus ergibt sich ein **Spektrum pädagogischer Handlungsformen,** das von Tätigkeiten mit einer vergleichsweise ausgeprägten Dominanz der Lehrkraft – wie Erziehen, Diagnostizieren und Helfen – über mehr oder weniger ausgewogene Tätigkeiten – wie Unterrichten und Organisieren – bis hin zu Tätigkeiten – wie Bilden, Betreuen und Beraten – reicht, bei denen die Leitungsfunktion der Lehrkraft in den Hintergrund tritt (vgl. Abb. 3.1). Letztlich zeigt sich damit eine Tendenz, die die Verantwortung von Lehrkräften nicht infrage stellt, zugleich aber auf eine zunehmende **Selbstbestimmung** junger Menschen in modernen Gesellschaften abzielt (Neuber 2007, S. 73–81). Vor dem Hintergrund dieser allgemeinen Überlegungen zum pädagogischen Handeln werden im Folgenden *spezifische* Voraussetzungen, Begründungen, Handlungsformen und Lernorte *sport*pädagogischen **Handelns** vorgestellt.

▶ **Literaturtipp** Krüger, H.-H. & Helsper, W. (Hrsg.). (2010). *Einführung in Grundbegriffe und Grundfragen der Erziehungswissenschaft* (9. Aufl.) Wiesbaden: VS.
 Heinz-Hermann Krüger und Werner Helsper geben in ihrem Klassiker einen Überblick über pädagogische Grundbegriffe wie Erziehung, Bildung, Unterricht, Sozialisation und Lernen.

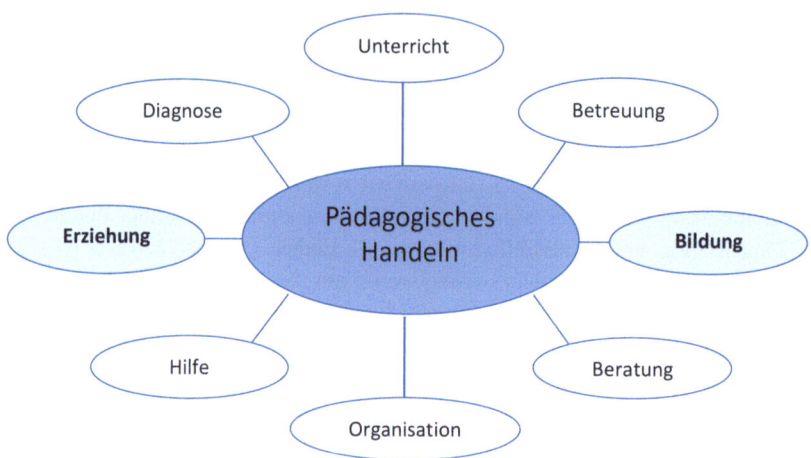

Abb. 3.1 Grundformen pädagogischen Handelns in der Moderne. (Mod. nach Neuber 2007, S. 81)

3.3.1 Sport als pädagogisches Handlungsfeld

Bewegung, Spiel und Sport können in pädagogischer Absicht inszeniert werden, sie haben aber nicht per se pädagogische Bedeutung. Im Sinne **sportpädagogischen Handelns** müssen spielerische und sportliche Bewegungshandlungen auf ihr pädagogisches Potenzial hin überprüft und entsprechend gestaltet werden. Der Sport ist ein historisch gewachsener, zeitabhängiger Bestandteil der Kultur, der durch die jeweils geltenden Werte und Normen einer Gesellschaft bestimmt wird. Die dominanten Bewegungsmuster sind Ausdruck der Werte, die in einer Kultur maßgeblich sind. Sport kann damit als **Spiegel der Gesellschaft** verstanden werden (vgl. Beckers 1993, S. 13–14). In diesem Sinne lässt sich der Sport in modernen westlichen Gesellschaften durch eine ausgeprägte **Leistungsorientierung** charakterisieren – ganz gleich, ob es sich um Wettkampf-, Gesundheits- oder Trendsport handelt (Neuber 2021b, S. 95–114). Grundprinzipien kapitalistischer Gesellschaften – wie Objektivierung, Ökonomisierung oder Maximierung – spiegeln sich in hohem Maße in diesem „sportlichen Sport" wider (Heinemann 1989). Zugleich wirkt dieses Verständnis auch in den „nichtsportlichen Sport" hinein, z. B. in pädagogische Lernorte wie die Schule.

3.3 Grundlagen

Vor diesem Hintergrund ist der Sport ein **ambivalentes Erfahrungsfeld,** in dem über die Anerkennung individueller sportlicher Leistungen einerseits Erfolg und Bestätigung erlebt werden können. Andererseits können über das Erleben von Misserfolg und Ausgrenzung aber auch massive Missachtungserfahrungen gemacht werden (vgl. Grimminger 2015). Diese negativen Erfahrungen sind umso prägender, als sie unmittelbar „am eigenen Leib" gemacht werden. Insofern kann das Technologiedefizit, das für pädagogisches Handeln kennzeichnend ist, auch auf den Sport und damit in besonderer Weise auf **sportpädagogisches Handeln** übertragen werden: Sportpädagogische Inszenierungen *können,* sie *müssen* aber nicht gelingen. Gleichwohl bietet die körperlich-leibliche Gebundenheit von Bewegungserfahrungen spezifische, nicht austauschbare Lerngelegenheiten, die den Sport von anderen Feldern unterscheiden und die ihn für pädagogische Prozesse interessant machen (Neuber und Gebken, 2009). Dazu gehören unter anderem die folgenden Aspekte:

- Der Sport zählt zu den häufigsten und wichtigsten Aktivitäten im Leben von Kindern und Jugendlichen. Der Sportunterricht ist das beliebteste Fach in der Schule; mit Bindungsraten von bis zu 80 % erreicht der Sportverein mehr Heranwachsende als jede andere Jugendorganisation, und rund 90 % aller Jugendlichen bewegen sich selbstorganisiert (Breuer et al. 2020). Sporttreiben kann damit ohne Bedenken als „jugendspezifische Altersnorm" bezeichnet werden (Zinnecker 1991). Vor allem diese große Beliebtheit führt bei Heranwachsenden zu einem hohen Maß an **Identifikation,** was als günstige Voraussetzung für Lernprozesse angesehen werden kann.
- Die **Freiwilligkeit** und prinzipielle **Offenheit** des Sports erleichtern nicht nur den Zugang zu sportlichen Aktivitäten, sondern bieten auch gute Möglichkeiten für variable Aufgabenstellungen. Im Rahmen des Sportunterrichts können unterschiedliche Fähigkeiten und Interessen von Heranwachsenden gut über methodische Differenzierungen angesprochen werden (vgl. Pfitzner und Neuber 2012). Die vermeintliche Unvereinbarkeit von Gleichheit und Differenz, die einem gemeinsamen Unterricht von Sportmotivierten und Sportunmotivierten vordergründig entgegensteht, kann so im Sinne einer „Pädagogik der Teilhabe" überwunden werden (Tiemann 2015).
- Die für Lernprozesse zentralen **Rückmeldungen** erfolgen im Sport zumeist direkt, weil Kinder und Jugendliche die Wirksamkeit des eigenen Handelns unmittelbar „am eigenen Leib" erfahren. Die elementare Bedeutung von Selbstwirksamkeitserfahrungen ist vor allem für den Bereich der frühkindlichen Bewegungserziehung gut belegt. Selbstwirksamkeitsüberzeugungen haben einen stark motivierenden Effekt: Situationen, die kontrollierbar

erscheinen, werden erneut aufgesucht, und die eigene Kompetenzerwartung steigert das eigene Selbstwertgefühl (vgl. Zimmer 2019). Unmittelbare Rückmeldungen sind für alle Formen des Lernens hoch bedeutsam.
- Die Schwierigkeit, sich bei Bewegungsaktivitäten zu verstellen, und die Unmittelbarkeit körperlichen Erlebens sichern ein hohes Maß an **Authentizität** in Lernprozessen. Das eigene Können und das Können der anderen sind in den meisten Bewegungssituationen offensichtlich – wie auch das eigene und fremde Nichtkönnen. Gerade in pädagogisch nicht beeinflussten (Sport-) Jugendszenen spielt das eine große Rolle (vgl. Bindel 2017). Zugleich sind körperliche Aktivitäten immer mit emotionalen Prozessen verbunden. Das Sporttreiben erweist sich damit als vergleichsweise basale, „echte" Tätigkeit, in der Heranwachsende sich selbst und andere unmittelbar erleben können, was wiederum als günstige Voraussetzung für Lernprozesse gilt.
- Die meisten Sportaktivitäten finden in der **Interaktion** mit anderen Personen statt, was auf der Basis körperlicher Auseinandersetzungen besondere Möglichkeiten der Kooperations- und Konkurrenzerfahrung bietet. Indem Heranwachsende miteinander Sport treiben, „gehen sie eine – von Fall zu Fall und Aufgabe zu Aufgabe verschiedene – Bewegungsbeziehung ein" (Funke-Wieneke 1997, S. 34). Zugleich gehören Sportaktivitäten im Kindes- und Jugendalter zu den häufigsten Gründen, sich zu treffen; der Sportverein gilt als „Knotenpunkt" sozialer Netzwerke im Jugendalter. Intensive Gleichaltrigenkontakte gehören nicht zuletzt zu den zentralen Voraussetzungen für Lernprozesse im Jugendalter.
- Durch die Präsentation des eigenen Körpers eröffnet das Feld von Bewegung, Spiel und Sport Möglichkeiten für **ästhetische Erfahrungen,** die auch jenseits sprachlich-diskursiver Auseinandersetzung liegen können. Fritsch (2007) versteht ästhetisches Verhalten ausgehend von den sinnengetragenen Prozessen der Wahrnehmung („Aisthesis") und Gestaltung („Poiesis") als eigenständige Art der Verarbeitung von Welterfahrung. Heranwachsende können das, was sie erlebt haben, was ihnen wichtig ist, durch Bewegung zum Ausdruck bringen. Im Gegensatz zur diskursiven, begrifflichen Auseinandersetzung bietet ästhetisch-symbolisches Handeln die Möglichkeit, „Unsagbares" zu artikulieren. Gerade informelle Musik- und Tanzszenen bieten dafür besondere Potenziale.

3.3.2 Sportpädagogische Begründungen

Die spezifischen Lerngelegenheiten von Bewegung, Spiel und Sport sind nicht nur für Heranwachsende interessant, sondern sie eigenen sich auch in besonderer Weise für einen pädagogischen Zugriff. Das sollte aber nicht zufällig, sondern begründet und bewusst inszeniert erfolgen. Kritikerinnen und Kritiker warnen vor einer **Instrumentalisierung des Sports** und plädieren dafür, den „Sport an sich" in den Vordergrund zu stellen. Einen derart unbeeinflussten Sport gibt es jedoch nicht, da der Sport – wie jedes andere gesellschaftliche Feld auch – immer Ausdruck kulturabhängiger Werte und Normen ist (vgl. Beckers 1993). Tatsächlich sind körperliche Aktivitäten von Kindern und Jugendlichen selten frei von pädagogischer Instrumentalisierung, wie die entsprechende Debatte in der ersten Hälfte der 1990-er Jahre zeigt (vgl. Scherler 1997). Umso wichtiger erscheinen **Begründung und Reflexion** pädagogischer Zielsetzungen und Methoden. Der Sport kann von verschiedenen Motiven ausgehen und unter unterschiedlichen Perspektiven inszeniert werden (vgl. Laging 2017; Balz et al. 2022; Scheid und Prohl 2022). Entsprechend lassen sich unterschiedliche Begründungsmuster für die **pädagogische Inszenierung** von Bewegung, Spiel und Sport heranziehen (vgl. Abb. 3.2):

- **Anthropologische Begründungen** von Bewegung, Spiel und Sport beziehen sich auf die „Natur" oder das „Wesen" des Menschen bzw. auf ein entsprechendes Menschenbild. In Anlehnung an die Gedanken der Aufklärung

Abb. 3.2 Sportpädagogische Begründungen. (Eigene Abbildung)

hat sich in der pädagogischen Anthropologie das Bild vom Menschen als aktives, handelndes und entscheidungsfähiges soziales Wesen durchgesetzt. Wesentliche Charakteristika sind Mündigkeit und Autonomie (Meinberg 1984, S. 60–61). Zugleich werden Menschen nicht nur als geistige, sondern auch als körperliche Wesen angesehen, die sich bewegen und bewegen müssen, weil das zum Menschsein dazugehört. Daraus lassen sich mit dem Körper-/Leibthema, dem Bewegungsthema, dem Spielthema und dem Leistungsthema spezifische Bezugsfelder für eine anthropologische Begründung von Sportaktivitäten ableiten (vgl. Grupe 1985).

- **Lebensweltliche Begründungen** von Bewegung, Spiel und Sport greifen die Alltagswirklichkeit von Kindern und Jugendlichen sowohl in subjektiver als auch in objektiver Hinsicht auf (siehe Abschn. 2.3.2). Im ersten Fall wird das Erleben und Erfahren junger Menschen fokussiert, im zweiten Fall richtet sich das Augenmerk auf ihre Lebens- und Erfahrungsbedingungen, insbesondere auf Personen und Orte, die für sie zugänglich sind (Hildebrandt 1993, S. 259–260). Bewegungsbezogene Erfahrungsbedingungen sind dabei ambivalent: Einerseits versprechen sie Heranwachsenden freudvolle Erlebnisse, andererseits sind sie in vielfältiger Weise beeinträchtigt, etwa durch räumliche und zeitliche Begrenzungen. In der Kindheitsforschung werden in diesem Zusammenhang kulturoptimistische von kulturpessimistischen Sichtweisen unterschieden (Neuber 2020, S. 31–50).
- **Entwicklungstheoretische Begründungen** von Bewegung, Spiel und Sport gehen von einem komplexen Zusammenhang von Bewegung und Entwicklung aus. Als geordnete Abfolge aufeinander bezogener Veränderungen, die über unterschiedliche Situationen hinweg konstant bleiben, ist Entwicklung ein zentrales Motiv sportpädagogischer Begründungen (vgl. Neuber und Scheid 2021). So beeinflussen Bewegungserfahrungen die Intelligenzentwicklung im Vorschulalter. In der Phase der „sensomotorischen Intelligenz" entwickeln sich kognitive Strukturen im Gehirn sogar fast ausschließlich über Bewegungshandlungen (vgl. Zimmer 2020). Auch in späteren Entwicklungsphasen kommt dem „Be-greifen" der Umwelt eine zentrale Bedeutung für die Entwicklungsförderung zu, z. B. für die Entwicklung des Selbstkonzepts, des Sozialverhaltens oder der Kreativität (vgl. Neuber 2007, S. 22–27).
- **Lerntheoretische Begründungen** von Bewegung, Spiel und Sport greifen die entwicklungstheoretischen Überlegungen auf und führen sie in Bezug auf gezielte kognitive Lernprozesse fort. Ausgangspunkt ist das Konzept der Bewegten Schule, das Bewegungsaktivitäten nicht nur im Sportunterricht, sondern in allen Bereichen der Schule nutzt (vgl. Laging 2017). Der Fokus der lerntheoretischen Begründungen liegt auf der Förderung der sogenannten

exekutiven Funktionen Inhibition, Updating (Arbeitsgedächtnis) und kognitive Flexibilität (Boriss 2015) (vgl. Abschn. 7.3.2). Kognitionspsychologische Studien belegen, dass diese kognitiven Basisfähigkeiten eine zentrale Rolle für die Selbstregulation und damit für das schulische Lernen insgesamt haben. Zugleich gilt als unstrittig, dass sich die exekutiven Funktionen gut über gezielte Bewegungsaufgaben fördern lassen (Pfitzner et al. 2021).
- **Kompensatorische Begründungen** von Bewegung, Spiel und Sport sind eng mit lebensweltlichen und entwicklungstheoretischen Begründungsmustern verbunden. Nicht zuletzt nach der Corona-Pandemie wurden motorische und gesundheitliche Beeinträchtigungen von Kindern und Jugendlichen festgestellt (vgl. Schmidt et al. 2021). Hinzu kommt ein erhöhter Entwicklungsdruck in der Schule, der zu einer mangelnden Bewältigung altersspezifischer Entwicklungsaufgaben führen kann (vgl. Hurrelmann und Quenzel 2016). Bewegung, Spiel und Sport werden ein hohes Potenzial zugeschrieben, um gesundheitlichen Beeinträchtigungen vorzubeugen. So unterscheidet Brodtmann (2008) verhältnis- und verhaltenspräventive Aspekte einer Gesundheitsförderung im Schulsport. Diese kompensatorische Begründung für Bewegungsaktivitäten in der Schule wird auch im Rahmen der Schulentwicklung aufgegriffen.
- **Schulkulturelle Begründungen** von Bewegung, Spiel und Sport zielen auf die besondere Bedeutung von Bewegungsaktivitäten für die Schulkultur. Schule soll danach nicht nur als Lern-, sondern auch als Lebensraum begriffen werden, in dem sich Kinder und Jugendliche wohlfühlen, in dem sie sich entfalten und den sie mitgestalten können (Laging 2017). In diesem Sinne können Bewegungs-, Spiel- und Sportangebote beispielsweise zu einer verstärkten Rhythmisierung des Schultags, zu mehr handlungsorientierten Unterrichtsformen in allen Fächern sowie zu einem bewegten Schulleben beitragen. Auch hier können Konzepte zur Bewegten Schule als Begründungsfolie herangezogen werden (Neuber 2020, S. 137–158). Zugleich bilden kompensatorische Argumente in Zeiten langer (Ganztags-)Schultage eine zentrale Begründungslinie.

▶ **Literaturtipp** Balz, E., Reuker, S., Scheid, V. & Sygusch, R. (Hrsg.). (2022). *Sportpädagogik – Eine Grundlegung*. Stuttgart: Kohlhammer.
Die Autorinnen und Autoren nehmen mit ihrem Sammelband eine Selbstvergewisserung der Sportpädagogik vor, indem sie sportpädagogische Ausgangspunkte, Grundlagen, Orientierungen und Forschungen vorstellen.

3.3.3 Sportpädagogisches Handeln

In Anlehnung an die allgemeine Definition pädagogischen Handelns kann *sport* pädagogisches Handeln als interaktiv-asymmetrisches Vermittlungsverhältnis im Feld von Bewegung, Spiel und Sport verstanden werden. Auch die antinomischen Handlungsbedingungen der Moderne lassen sich auf den Sport beziehen. *Spezifische* Antinomien werden dabei insbesondere mit dem Begriff der **doppelten Paradoxie des Sportunterrichts** beschrieben (vgl. Prohl 2010, S. 100). Neben dem Grundwiderspruch zwischen Qualifikation und Selektion kommt der Widerspruch zwischen dem „Sport als subjektiver Sinnerfüllung", wie ihn viele Kinder und Jugendliche außerhalb der Schule schätzen, und dem Sport als „schulischer Pflichtveranstaltung", der schulischen Curricula und Verpflichtungen unterliegt, hinzu (vgl. Abb. 4.1 und 5.1). Schließlich lassen sich auch die Grundformen pädagogischen Handelns auf das sportpädagogische Feld übertragen. Als zentrale Aufgaben **pädagogischen Handelns im Sport** sind bereits Erziehung und Bildung herausgestellt worden (siehe Kap. 1). Sie verweisen auf die doppelte Zielsetzung einer „Erziehung zum Sport" und einer „Erziehung durch Sport", die für weite Teile des schulischen, aber auch des außerschulischen Sports leitend ist (vgl. Scherler 1997).

▶ **Erziehung zum Sport** zielt auf die Strukturierung des Denkens, Fühlens und Handelns von Kindern und Jugendlichen im Feld des Sports, d. h. es geht um die Vermittlung von Fähigkeiten und Fertigkeiten, Kenntnissen und Einstellungen, die für das Sporttreiben in modernen Gesellschaften erforderlich sind (vgl. Beckers 2009).

In Anlehnung an Brezinka (1990) kann Erziehung auch als Prozess der zielgerichteten Beeinflussung zu einem als wertvoll erachteten Verhalten verstanden werden. Dabei ist zum einen zu klären, was als „wertvoll" erachtet wird. Diese Frage verweist auf die **Erziehungsziele**, die in hohem Maße gesellschaftlich und kulturell geprägt sind und normativ begründet werden müssen. Vor dem Hintergrund des sozialen Wandels geraten Erziehungsziele allerdings zunehmend unter Legitimationsdruck. Mitunter wird sogar das „Ende der Erziehung" prophezeit, „weil den Erziehenden die Ziel- und Normvorstellungen abhandengekommen sind, insbesondere die Möglichkeiten eines verbindlichen Kanons von Normen für die Zukunft" (Heitger 1999, S. 140). Außerdem ist die Frage der **Erziehungsmittel** zu klären. Wenn Erziehung danach strebt, sich selbst überflüssig zu machen, erscheint eine Erziehung durch „Zwang" oder „Führung" zumindest obsolet. In der Sportpädagogik spricht Funke-Wieneke (1999) dagegen sogar von einer „Selbsterziehung", die allerdings nach gängigem Verständnis kaum möglich ist, da Erziehung mindestens eines Erziehenden und eines Zu-Erziehenden bedarf.

▶ **Erziehung durch Sport** nutzt Bewegungs-, Spiel- und Sportaktivitäten, um über den Sport hinausweisende Zielsetzungen zu erreichen, etwa die Förderung des Selbstvertrauens oder der sozialen Kompetenz von Heranwachsenden. Eine solche Förderung ist durchaus intentional im Sinne eines klassischen Erziehungsprozesses möglich. Oft wird die Erziehung durch Sport jedoch auch als Bildungsprozess verstanden.

In dem Fall entzieht sich der Lernprozess dem erzieherischen Zugriff, weil **Bildungsprozesse** reflexiv im Sinne von „Sich-Bilden" sind, da sich „der eigentliche Bildungsvollzug, das Sich-Aneignen von Welt [...] ins Subjekt selbst" verlagert (Meinberg 1996, S. 56). Gleichwohl können Bildungsprozesse angeregt werden. Im Vergleich zur Erziehung ist Bildung auf die Erweiterung individueller Perspektiven gerichtet und damit auf die Fähigkeit des Subjekts, einen eigenen Standpunkt zu entwickeln und sein Leben in sozialer Verantwortung selbstständig zu gestalten (Beckers 2009). In diesem **emanzipatorischen Sinn** kann Bildung als „jene Verfassung des Menschen" verstanden werden, „die ihn in den Stand versetzt, sowohl sich selbst als auch seine Beziehungen zur Welt ‚in Ordnung' zu bringen" (Litt 1963, S. 11). Die doppelte Aufgabe einer Erziehung zum und durch Sport hat ihren Niederschlag insbesondere in den Arbeiten zum **Erziehenden Sportunterricht** gefunden (vgl. Prohl 2022).

Erziehender Sportunterricht
Nach einer Phase des Pragmatismus in den 1970/80-er Jahren hat der Schulsport in den 1990-er Jahren eine pädagogische Renaissance erlebt. Ausgehend von den Überlegungen der Bildungskommission NRW (1995) wurde der Idee der Bildung wieder mehr Gewicht gegeben, was zum sogenannten **Doppelauftrag** einer Erziehung zum und durch Sport führte (Beckers 2000). Im nordrhein-westfälischen Lehrplan lautet der Doppelauftrag: Erschließung der Bewegungs-, Spiel- und Sportkultur und Entwicklungsförderung durch Bewegung, Spiel und Sport (MSWWF NRW 1999). Der Schulsport soll damit „sowohl fachimmanente Fähigkeiten, Fertigkeiten und Kenntnisse vermitteln als auch Einstellungen und Haltungen anbahnen, die für eine urteils- und handlungsfähige Teilnahme

nicht nur am Sport, sondern an sozialen und politischen Gestaltungsprozessen notwendig sind" (Beckers 2000, S. 86). Ausgehend vom Doppelauftrag wird der Unterricht explizit als **erziehender Sportunterricht** verstanden. Als solcher folgt er **pädagogischen Prinzipien** wie denen der Mehrperspektivität, der Erfahrungs- und Handlungsorientierung, der Reflexion, der Verständigung und der Wertorientierung (MSWWF NRW 1999).

Der Gegenstand des Erziehenden Sportunterrichts wird in Form von weitgefassten **Inhaltsbereichen** definiert, die jeweils sowohl Formen des selbstbestimmten Sich-Bewegens als auch Formen des normierten Wettkampfsports umfassen, z. B. „Laufen, Springen, Werfen – Leichtathletik" oder „Bewegen im Wasser – Schwimmen". Damit wird das Spektrum des normierten (Leistungs-)Sports im Sinne der Trias **Bewegung, Spiel und Sport** erweitert. Hinzu kommen mit „Den Körper wahrnehmen und Bewegungsfähigkeiten ausprägen" und „Das Spielen entdecken und Spielräume nutzen" zwei übergreifende Bewegungsfelder (MSW NRW 2014). Insgesamt werden damit unterschiedliche Reglungsgrade von Bewegungsaktivitäten angesprochen, die mit den Freiheitsgraden des Spielens („play, games, sports") von Sutton-Smith (1978) korrelieren. **Unterrichtsthemen** entstehen dadurch, dass fachliche Inhalte unter einer spezifischen pädagogischen Perspektive aufgegriffen werden. Die Richtlinien und Lehrpläne aller Bundesländer sehen dafür in der Regel sechs **pädagogische Perspektiven** vor, die jeweils einen spezifischen Fokus von Bewegungsaktivitäten hervorheben (siehe Abb. 3.3).

Mit dieser pädagogischen Auslegung des Sports kann das Fach einen spezifischen Beitrag zum allgemeinen **Erziehungs- und Bildungsauftrag** der Schule leisten. Entsprechend werden neben fachimmanenten Zielen auch Beiträge des Schulsports zu überfachlichen **Aufgaben der Schule** genannt, z. B. Verkehrserziehung, Gesundheitsförderung, interkulturelle Erziehung, politische Bildung, ästhetische Erziehung oder reflexive Koedukation (MSWWF NRW 1999). Tatsächlich hat sich die Integration von „innerfachlichen" und „außerfachlichen" Begründungen mittlerweile in der Mehrzahl der Richtlinien und Lehrpläne in Deutschland durchgesetzt (vgl. Prohl 2022). Zugleich wurde die explizit pädagogische Schwerpunktsetzung des Schulsports mit der neuerlichen Wende zu kompetenzorientierten Kernlehrplänen wieder zur Disposition gestellt. Mit der Outputorientierung geht die Notwendigkeit der Operationalisierung von

3.3 Grundlagen

Kompetenzerwartungen einher, die letztlich zu einer stärkeren Orientierung an motorischen Fähigkeiten und Fertigkeit geführt hat, die leichter messbar sind als übergreifende Kompetenzen (vgl. Pfitzner und Pürgstaller 2022).

Sportpädagogisches Handeln wird bis dato fast ausschließlich als intentionaler Prozess verstanden, in dessen Verlauf „Erziehende" im Sinne von „Unterricht" systematisch auf das Verhalten von „Zöglingen" einwirken. Interessanterweise wird diese schulpädagogische Argumentation auch im außerschulischen Feld aufgegriffen. So konzipieren Baur und Braun (2000) das **Pädagogische einer**

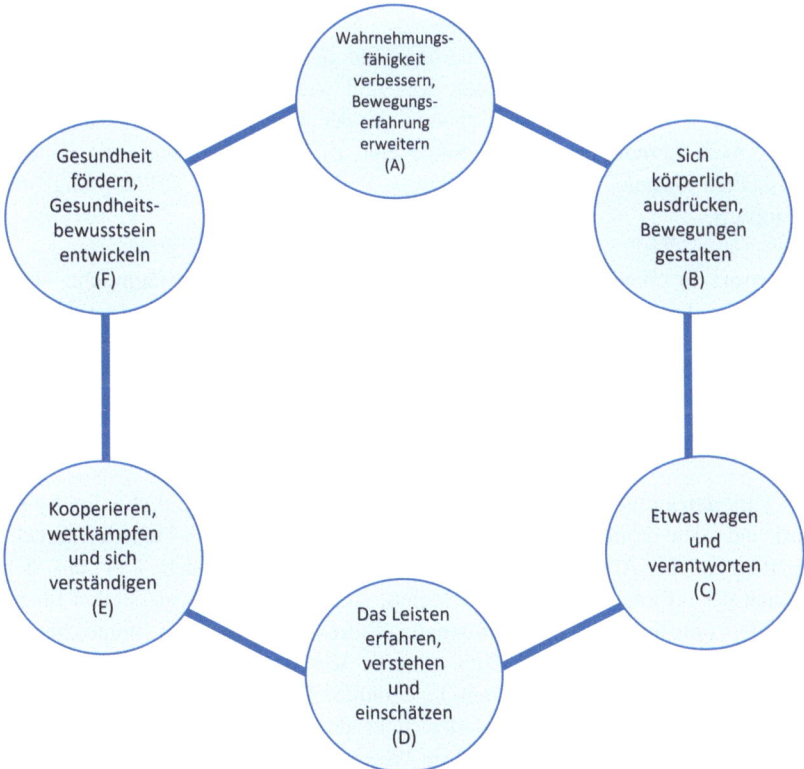

Abb. 3.3 Pädagogische Perspektiven auf den Sport. (Eigene Abbildung)

Jugendarbeit im Sport als Erziehung zum und durch Sport. Auch entsprechende Überblicksdarstellungen zum Kinder- und Jugendsport greifen die Idee eines doppelten Erziehungsauftrags im Sport auf (Brandl-Bredenbeck et al. 2006). Damit wird die Figur eines intentionalen, erziehenden Sportunterrichts auf den außerschulischen Sport übertragen. Dabei zeigt die Diskussion um den **Wandel des Bildungssystems** bereits seit Mitte der 2000-er Jahre ein umfassendes Bildungsverständnis mit formellen, non-formalen und informellen Lernprozessen, das deutlich über ein rein intentionales Verständnis hinausweist (siehe Abschn. 2.3.3). In der Debatte um die Lernorte von Kindern und Jugendlichen wird dieses komplexe Verständnis von Bildung deutlich.

3.3.4 Lernorte für Kinder und Jugendliche im Sport

Neben der pädagogischen Inszenierung sind die **Rahmenbedingungen** eines Handlungsfelds entscheidend dafür, was und wie Kinder und Jugendliche an einem Ort lernen können. Ausgehend von der Weiterbildungsforschung wird unter einem Lernort im *engeren* Sinne eine Bildungseinrichtung, wie Kindertagesstätte, Schule oder Hochschule, verstanden, die Bildungsangebote organisiert.

▶ **Lernort** In einem *weiteren* Sinne fasst man darunter „alle räumlichen Einheiten, die Lernende pädagogisch stimulieren – sowohl im Kontext formalorganisierter Einrichtungen als auch im Rahmen informeller Lernprozesse" (Tippelt und Reich-Claasen 2010, S. 11). Ein Lernort muss also nicht unbedingt mit pädagogischen Zielsetzungen verbunden sein, es reicht aus, wenn er eine lernanregende Wirkung hat.

Zur Differenzierung von **Lernorten für Kinder und Jugendliche im Sport** wird auf den komplexen Bildungsbegriff der Nach-PISA-Debatte zurückgegriffen (siehe Abschn. 2.3.3). Allerdings wird das Modell hier um den Bereich der informellen Lernorte erweitert, sodass auf einer horizontalen Ebene **formale, non-formale und informelle Rahmenbedingungen** unterschieden werden. Zu den formalen Settings gehören Kindertagesstätte und Schule, zu den non-formalen Sportverein und Jugendhilfe. Die Ganztagsschule mit ihren formalen und non-formalen Anteilen liegt dazwischen. Familie, informeller Sport und kommerzieller Sport sind im Wesentlichen durch informelle Rahmenbedingungen gekennzeichnet. Auf einer vertikalen Ebene wird des Weiteren zwischen **formellen und informellen Bildungsprozessen** differenziert (Neuber

3.3 Grundlagen

und Golenia 2021). Letztlich kommt es dabei auf das spezifische Angebot an, aber Sportunterricht wird zumeist als formelles Sportangebot in einem formalen Setting verstanden, während informeller Sport in der Regel als informeller Bildungsprozess in einem informellen Setting zu sehen ist (vgl. Abb. 3.4). Im Folgenden werden sechs zentrale Lernorte für Kinder und Jugendliche im Sport skizziert.

- Die **Familie** bildet nicht nur eine zentrale Lebenswelt für Kinder und Jugendliche, sie ist auch ein wichtiger Lernort. Im Vorschulalter übernehmen die Eltern die Erziehung ihrer Kinder zunächst fast ausschließlich. Sie sind nicht

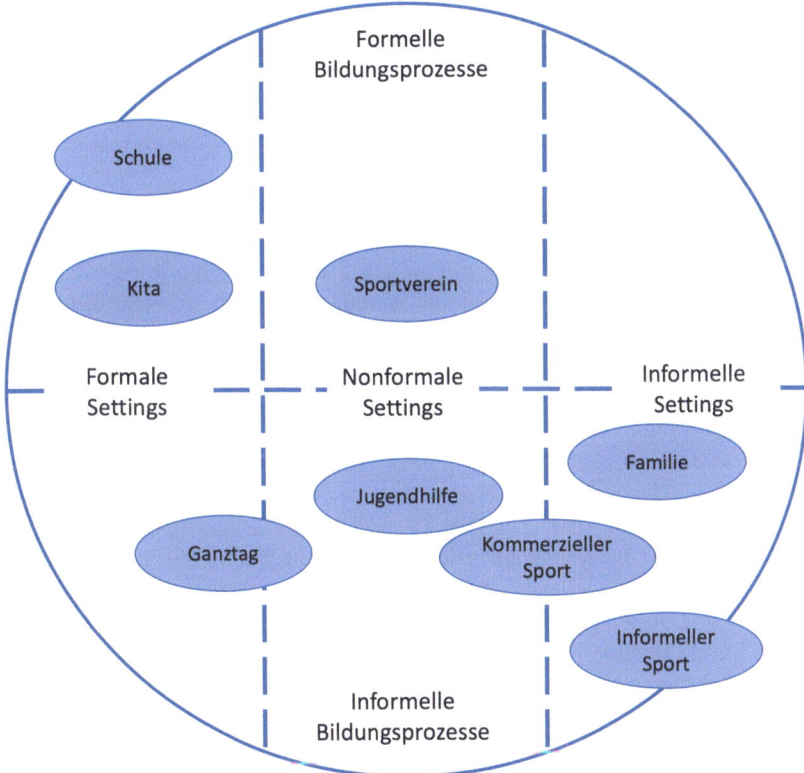

Abb. 3.4 Lernorte für Kinder und Jugendliche im Sport. (Mod. nach Neuber und Golenia 2021, S. 68)

nur rechtlich gesehen die Erziehungsberechtigten, sondern sie stellen auch die entscheidende Instanz für die Entwicklung, Erziehung und Persönlichkeitsbildung ihrer Kinder dar (vgl. Schneewind 2008). Mit zunehmendem Alter werden weitere Bezugspersonen bedeutsam, aber die Familie bleibt bis ins Jugendalter einer der wichtigsten Lernorte für junge Menschen. Das gilt auch für das Feld von Bewegung, Spiel und Sport. So belegen Studien, dass das Elternhaus für die Aufnahme von Bewegungsaktivitäten eine zentrale Bedeutung hat (vgl. Züchner 2013). Dem bewegungsbezogenen Lern- und Bildungspotenzial der Familie kommt insgesamt eine hohe Bedeutung zu.

- Nachdem die **Kindertagesstätte** zunächst oft als Betreuungseinrichtung verstanden wurde, folgt sie spätestens seit den 1990-er Jahren einem gesetzlichen Erziehungs- und Bildungsauftrag. Konzeptionell hat sich eine Wende „von funktions- und fertigkeitsorientierten Ansätzen hin zu situations- und kindorientierten Konzepten vollzogen" (Zimmer 2020, S. 130). Offene Angebote, die zum Ausprobieren und Spielen anregen, stehen seitdem im Vordergrund der elementarpädagogischen Arbeit. Vor diesem Hintergrund ist das Lern- und Bildungspotenzial der Kindertagesstätte zwar formal gerahmt und kann im Zuge angeleiteter Angebote auch formell ausgerichtet sein. Gleichwohl ist davon auszugehen, dass im Kindergartenalltag viele informelle Bildungsprozesse im Rahmen von Bewegungs-, Spiel- und Sportaktivitäten stattfinden (vgl. Heim 2008).
- Nach der Kindertagesstätte ist die **Schule** die zweite formale Bildungsinstitution für Kinder und Jugendliche. Zu den übergreifenden Aufgaben der Schule gehören die Pflege der Kultur, die Vermittlung von Werten und Normen, die individuelle Förderung aller Schülerinnen und Schüler und die Vorbereitung auf die Bewältigung des Lebensalltags (vgl. Haug 2019). Im Fächerkanon der Schule ist „Sport" nach Deutsch und Mathematik das drittgrößte Unterrichtsfach. Neben dem Sportunterricht besteht der Schulsport auch aus außerunterrichtlichen Angeboten sowie Angeboten zum Lernen mit Bewegung im Klassenunterricht (vgl. Scheid 2022). Die Schule erreicht alle Heranwachsenden eines Altersjahrgangs, daher dürfte ihr sportbezogenes Lern- und Bildungspotenzial erheblich sein. Sie ist aber auch eine verpflichtende Bildungseinrichtung, was für die Lernenden zu einer ambivalenten Situation führen kann (siehe Abschn. 3.3.3).
- Der Ausbau der **Ganztagsschule** mit Beginn der 2000-er Jahre ist auf die schlechten Ergebnisse deutscher Schülerinnen und Schüler in Schuleignungstests („PISA-Schock") zurückzuführen (siehe Abschn. 2.3.4). Entsprechend werden mit ihr anspruchsvolle Zielsetzungen verfolgt, etwa die individuelle Förderung aller Schülerinnen und Schüler, eine veränderte Lernkultur oder

3.3 Grundlagen

die Chancengerechtigkeit im Bildungssystem (Rauschenbach et al. 2012). Neben offenen Bewegungsangeboten in Pausen liegen sportartspezifische Ganztagssportangebote, vor allem Ballspiele, hoch im Kurs. Es gibt aber auch übergreifende Angebote wie Bewegungsförderung, Abenteuer- und Erlebnissport oder Psychomotorik (vgl. Neuber et al. 2015). Das Lern- und Bildungspotenzial wird stark von den formalen Rahmenbedingungen der Schule beeinflusst. Trotzdem dürften viele informelle Lerngelegenheiten eine gute Alternative zum benoteten Sportunterricht bieten.

- Der **Sportverein** ist eine Freiwilligenorganisation, in der sich Menschen zusammenschließen, die gemeinsam Sport treiben wollen (vgl. Baur und Braun 2001). Die überwiegende Zahl der Sportvereine ist als gemeinnützig anerkannt und verfolgt gesellige, kulturelle und gesellschaftspolitische Ziele, wie die „Pflege des Sports" oder die „Förderung der Jugend" (Heinemann 2004). Kinder und Jugendliche sehen im Verein einen Ort, „an dem ihren sportlichen Interessen Rechnung getragen, ihre sportlichen Ambitionen unterstützt und ihre sportlichen Leistungen systematisch verbessert werden" (Brettschneider 2003, S. 28). Daneben ist er für sie ein Ort für soziale Kontakte, Geselligkeit und Engagement. Von seiner Rahmung her ist der Sportverein ein klassischer non-formaler Lernort. Auch sein Lern- und Bildungspotenzial ist neben formellen Ausbildungen und informellen Lerngelegenheiten zumeist non-formal geprägt (vgl. Neuber 2021a).

- Das Feld der **Kinder- und Jugendhilfe** ist weit: Neben den Hilfen zur Erziehung, der Jugendsozialarbeit oder dem Kinder- und Jugendschutz bezieht sie sich auch auf die außerschulische Jugendarbeit. Angebote der Jugendarbeit sollen „an den Interessen junger Menschen anknüpfen und von ihnen mitbestimmt und mitgestaltet werden, sie zur Selbstbestimmung befähigen und zu gesellschaftlicher Mitverantwortung und zu sozialem Engagement anregen und hinführen" (KJHG, § 11,1). Chancen für eine sportbezogene Jugendarbeit bestehen beispielsweise in den „Alltagsvollzügen" der Kinder- und Jugendhilfe, in Sportvereinen als Trägern der Kinder- und Jugendhilfe, in sportorientierten Angeboten der Jugendsozialarbeit sowie in der Jugendhilfe im Kontext von Fanszenen/Fanprojekten (Derecik und Züchner 2015). Der Lernort ist klassisch non-formal angelegt, dürfte aber gerade in der offenen Jugendarbeit auch ein hohes informelles Lern- und Bildungspotenzial bieten (vgl. Thole 2016).

- Mit dem Begriff des **informellen Sports** werden Bewegungs- und Sportaktivitäten bezeichnet, die in der Freizeit selbstorganisiert ausgeübt werden. Sie können zu selbstdefinierten Zeitpunkten in den Alltag eingebaut werden und finden an selbstgewählten Orten statt. Kinder gehen vor allem alltagskulturellen Aktivitäten nach wie Fahrradfahren, Skaten oder Schwimmen (vgl. Schmidt 2015). Jugendliche verfolgen darüber hinaus informelle Spieltätigkeiten und fitnessorientierte Aktivitäten (vgl. Bindel 2017). Innerhalb von Bewegungsszenen finden zudem komplexe soziale Aushandlungsprozesse statt, die zur Umdeutung von öffentlichen Räumen führen können (vgl. Schwier und Erhorn 2015). Das Lern- und Bildungspotenzial informeller Sportaktivitäten liegt in der informellen Rahmung – gerade, weil explizit keine pädagogischen Ziele angestrebt werden, können spontan informelle Lerngelegenheiten entstehen.

- Bei **kommerziellen Sportangeboten** handelt es sich um eine Sammelbezeichnung für ganz unterschiedliche Bewegungs- und Sportangebote, die von Organisationen oder Einzelpersonen als Dienstleistung mit der Absicht der Gewinnerzielung bereitgestellt werden (vgl. Thieme 2015). Das Spektrum an kommerziellen Angeboten hat in den vergangenen zwei, drei Jahrzehnten erheblich zugenommen. Grundsätzlich können Fitnessstudios, bewegungsorientierte Dienstleistungen, wie z. B. Tanz-, Tennis- oder Kampfsportschulen, sowie Infrastrukturangebote, wie Indoor-Spielplätze, Kletterhallen oder Hochseilgärten unterschieden werden (vgl. Thieme 2015). Das Lern- und Bildungspotenzial kommerzieller Sportangebote liegt darin, dass sie von jungen Menschen in der Regel freiwillig gewählt und oft auch selbstbestimmt ausgeübt werden können.

3.4 Pädagogische Grundlagen im Überblick

Die pädagogischen Grundlagen gehören zu den allgemeinen Voraussetzungen des Sportunterrichts. Sie bilden den **pädagogischen Rahmen,** in dem Bewegungs-, Spiel- und Sportangebote für Kinder- und Jugendliche stattfinden (vgl. Abb. 3.5). Pädagogisches Handeln ist grundsätzlich unsicher und ambivalent. Es lässt sich nicht bis ins letzte Detail planen. Darum bedürfen pädagogische Inszenierungen immer einer reflektierten Begründung, die durchaus vielfältig ausfallen kann und nicht auf einfache Muster, wie die motorische Leistungsfähigkeit, begrenzt werden sollte. Der Sport ist ein **ambivalentes Handlungsfeld,** das u. a. aufgrund seiner hohen Offenheit und Authentizität ein großes pädagogisches Potenzial bietet, zugleich aber auch zu Missachtung und Ausgrenzung führen kann. Sportpädagogisches Handeln ist darum mit einer hohen Verantwortung verbunden. Gemeinhin wird es als Erziehung zum und durch Sport im Sinne eines **Erziehenden Sportunterrichts** verstanden. Gleichwohl können sportliche Aktivitäten auch an außerschulischen Lernorten pädagogisch wirken, selbst wenn

3.4 Pädagogische Grundlagen im Überblick

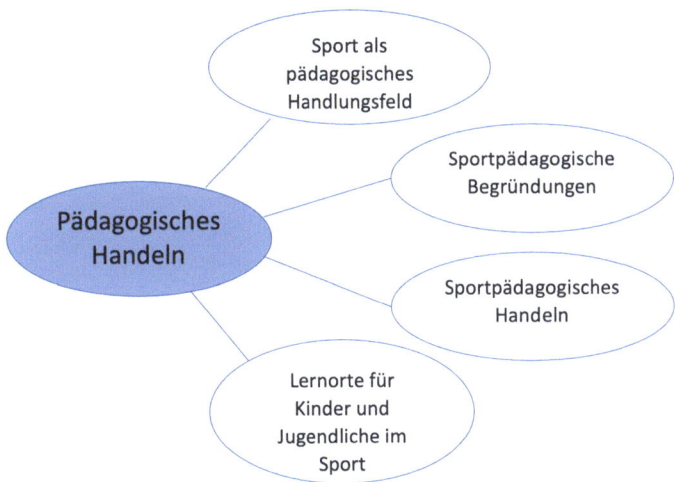

Abb. 3.5 Pädagogische Grundlagen im Überblick. (Eigene Abbildung)

sie keine pädagogischen Ziele verfolgen. **Bewegungs-, Spiel- und Sportangebote** für Kinder und Jugendliche finden unter diesen komplexen, z. T. widersprüchlichen pädagogischen Rahmenbedingungen statt und müssen vor diesem Hintergrund inszeniert werden.

Reflexionsfragen
1. Was sind die Schwerpunkte sportpädagogischen und sportdidaktischen Denkens und Handelns?
2. Warum ist das Verhältnis von „Erzieher" und „Zögling" grundsätzlich asymmetrisch strukturiert?
3. Wodurch unterscheiden sich die Grundformen (sport-)pädagogischen Handelns?
4. Warum ist der Sport für Kinder und Jugendliche ein prinzipiell ambivalentes Handlungsfeld?
5. Inwiefern bietet der Sport spezifische, nicht austauschbare Lerngelegenheiten, die ihn von anderen Feldern unterscheiden?
6. Welche Begründungsmuster lassen sich für eine pädagogische Inszenierung des Sports heranziehen?
7. In welchem Verhältnis steht die Erziehung zum und durch Sport zu bewegungsbezogenen Bildungsprozessen?

8. Auf welchen pädagogischen Ideen basiert das Konzept des Erziehenden Sportunterrichts?
9. Wie lassen sich Lernorte für Kinder und Jugendliche im Sport charakterisieren?
10. Inwiefern können auch Lernorte, die per se keine pädagogischen Ziele verfolgen, pädagogisch wirken?

Literatur

Balz, E., Reuker, S., Scheid, V., & Sygusch, R. (Hrsg.). (2022). *Sportpädagogik – Eine Grundlegung*. Stuttgart: Kohlhammer.
Baur, J., & Braun, S. (2000). Über das Pädagogische einer Jugendarbeit im Sport. *Deutsche Jugend, 48*(9), 378–386.
Beckers, E. (1993). Bewegungskultur – Kultur und Bewegung. In E. Beckers & H. Schulz (Hrsg.), *Sport – Bewegung – Kultur. Auf der Suche nach neuen Bewegungserfahrungen schweift der Blick auch zu fremden Kulturen* (S. 10–38). Bielefeld: Mane Huchler Medienproduktion.
Beckers, E. (2000). Grundlagen eines erziehenden Sportunterrichts. In Landesinstitut für Schule und Weiterbildung NRW (Hrsg.), *Erziehender Schulsport. Pädagogische Grundlagen der Curriculumrevision in Nordrhein-Westfalen* (S. 86–97). Bönen: Verlag für Schule und Weiterbildung.
Beckers, E. (2009). Sportpädagogik und Erziehungswissenschaft. In H. Haag & A. Hummel (Hrsg.), *Handbuch Sportpädagogik* (2., erweiterte Aufl., S. 25–34). Schorndorf: Hofmann.
Bildungskommission NRW (Hrsg.). (1995). *Zukunft der Bildung – Schule der Zukunft* (Denkschrift der Kommission beim Ministerpräsidenten des Landes Nordrhein-Westfalen). Neuwied, Kriftel, Berlin: Luchterhand.
Bindel, T. (2017). Informeller Jugendsport – institutionelle Inanspruchnahme und Wandel eines deutungsoffenen Geschehens. *Diskurs Kindheits- und Jugendforschung, 12*(4), 417–426.
Boriss, K. (2015). *Lernen und Bewegung im Kontext der individuellen Förderung – Förderung exekutiver Funktionen in der Sekundarstufe I* (Bildung und Sport, 8). Wiesbaden: Springer VS.
Brandl-Bredenbeck, H. P., Brettschneider, W.-D., Gerlach, E., & Hofmann, J. (2006). Kinder- und Jugendsport. In H. Haag & B. Strauß (Hrsg.), *Themenfelder der Sportwissenschaft* (S. 113–129). Schorndorf: Hofmann.
Brettschneider, W.-D. (2003). Zukunftsfähige Jugendarbeit im Sportverein – Chancen und Grenzen. In N. Neuber (Hrsg.), *Jugendarbeit im Sport. Ein Handbuch für die Vereinspraxis* (S. 27–40). Duisburg: Sportjugend NRW.
Breuer, C., Joisten, C., & Schmidt, W. (Hrsg.). (2020). *Vierter Deutscher Kinder- und Jugendsportbericht – Gesundheit, Leistung, Gesellschaft*. Schorndorf: Hofmann.
Brezinka, W. (1990). *Grundbegriffe der Erziehungswissenschaft*. München: Reinhardt.

Literatur

Brodtmann, D. (2008). Gesundheitsförderung im Schulsport. In D. Kuhlmann & E. Balz (Hrsg.), *Sportpädagogik: Ein Arbeitstextbuch* (S. 180–200). Hamburg: Czwalina.

Derecik, A., & Züchner, I. (2015). Sport in der Kinder- und Jugendhilfe. In W. Schmidt, N. Neuber, T. Rauschenbach, H. P. Brandl-Bredenbeck, J. Süßenbach & C. Breuer (Hrsg.), *Dritter Deutscher Kinder- und Jugendsportbericht. Kinder- und Jugendsport im Umbruch* (S. 217–236). Schorndorf: Hofmann.

Fritsch, U. (2007). Ästhetische Erziehung. In R. Laging (Hrsg.), *Neues Taschenbuch des Sportunterrichts. Kompaktausgabe* (3., veränderte und korrigierte Aufl., S. 36–46). Hohengehren: Schneider.

Funke-Wieneke, J. (Hrsg.). (1997). *Vermitteln zwischen Kind und Sache. Erläuterungen zur Sportpädagogik*. Seelze-Velber: Kallmeyer.

Funke-Wieneke, J. (1999). Erziehen im Sportunterricht. *Sportpädagogik, 23*(4), 13–21.

Grimminger, E. (2015). Missachtungsprozesse unter Schülerinnen und Schülern im Sportunterricht – Sportdidaktische Konsequenzen aus einem multimethodischen Forschungsprojekt. *Sportpädagogik, 39*(1), 40–43.

Grupe, O. (1985). Anthropologische Grundfragen der Sportpädagogik. In E. Meinberg, H. Denk & G. Hecker (Hrsg.), *Texte zur Sportpädagogik* (Texte, Quellen, Dokumente zur Sportwissenschaft, 19, S. 35–61). Schorndorf: Hofmann.

Haug, A. (2019). Schule als Sozialisationsinstanz. In G. Bovet & V. Huwendiek (Hrsg.), *Leitfaden Schulpraxis – Pädagogik und Psychologie für den Lehrberuf* (11. Aufl., S. 553–572). Berlin: Cornelsen.

Heim, R. (2008). Bewegung, Spiel und Sport im Kontext von Bildung. In W. Schmidt (Hrsg.), *Zweiter Deutscher Kinder- und Jugendsportbericht. Schwerpunkt: Kindheit* (S. 21–42). Schorndorf: Hofmann.

Heinemann, K. (1989). Der „nicht-sportliche" Sport. In K. Dietrich & K. Heinemann (Hrsg.), *Der nicht-sportliche Sport – Beiträge zum Wandel im Sport* (S. 11–28). Schorndorf: Hofmann.

Heinemann, K. (2004). *Sportorganisationen verstehen und gestalten*. Schorndorf: Hofmann.

Heitger, M. (1999). Erziehung. In G. Reinhold, G. Pollak, & H. Heim (Hrsg.), *Pädagogik-Lexikon* (S. 139–144). München: Oldenbourg.

Helsper, W. (1996). Antinomien des Lehrerhandelns in modernisierten pädagogischen Kulturen – Paradoxe Verwendungsweisen von Autonomie und Selbstverantwortlichkeit. In A. Combe & W. Helsper (Hrsg.), *Pädagogische Professionalität – Untersuchungen zum Typus pädagogischen Handelns* (S. 521–569). Frankfurt/M.: Suhrkamp.

Helsper, W. (2010). Pädagogisches Handeln in den Antinomien der Moderne. In H.-H. Krüger & W. Helsper (Hrsg.), *Einführung in Grundbegriffe und Grundfragen der Erziehungswissenschaft* (9. Aufl., S. 15–34). Wiesbaden: VS.

Hildebrandt, R. (1993). Lebensweltbezug – Leitmotiv für eine Neuorientierung der Bewegungserziehung in der Grundschule. *Sportwissenschaft, 23*, 259–275.

Hurrelmann, K., & Quenzel, G. (2016). *Lebensphase Jugend – Eine Einführung in die sozialwissenschaftliche Jugendforschung* (13. überarbeitete Aufl.). Weinheim, Basel: Beltz Juventa.

Idel, T.-S., & Ulrich, H. (Hrsg.). (2017). *Handbuch Reformpädagogik*. Weinheim: Beltz.

KJHG (Kinder- und Jugendhilfegesetz). *Sozialgesetzbuch (SGB). Achtes Buch (VIII). Kinder- und Jugendhilfe. § 11 SGB VIII Jugendarbeit.* Zugriff am 03.04.2018 http://www.sozialgesetzbuch-sgb.de/sgbviii/11.html.

Krüger, H.-H., & Helsper, W. (Hrsg.). (2010). *Einführung in Grundbegriffe und Grundfragen der Erziehungswissenschaft* (9. Aufl.). Wiesbaden: VS.

Laging, R. (2017). *Bewegung in Schule und Unterricht – Anregungen für eine bewegungsorientierte Schulentwicklung.* Stuttgart: Kohlhammer.

Litt, T. (1963). *Naturwissenschaft und Menschenbildung* (4. Aufl.). Heidelberg: Quelle & Meyer.

Luhmann, N., & Schorr, K. E. (1982). Das Technologiedefizit der Erziehung und die Pädagogik. In N. Luhmann & K. E. Schorr (Hrsg.), *Zwischen Technologie und Selbstreferenz. Fragen an die Pädagogik* (S. 11–41). Berlin: Suhrkamp.

Meinberg, E. (1984). *Kinderhochleistungssport: Fremdbestimmung oder Selbstentfaltung? Pädagogische, anthropologische und ethische Orientierungen.* Köln: Strauß.

Meinberg, E. (1996). *Hauptprobleme der Sportpädagogik. Eine Einführung* (3. Aufl.). Darmstadt: Wissenschaftliche Buchgesellschaft.

MSW NRW (Ministerium für Schule und Weiterbildung des Landes Nordrhein-Westfalen). (2014). *Rahmenvorgaben für den Schulsport in Nordrhein-Westfalen.* Düsseldorf: MSW.

MSWWF NRW (Ministerium für Schule und Weiterbildung, Wissenschaft und Forschung des Landes Nordrhein-Westfalen). (Hrsg.). (1999). *Sekundarstufe II – Gymnasium/Gesamtschule. Richtlinien und Lehrpläne.* Düsseldorf: MSWWF.

Neuber, N. (2007). *Entwicklungsförderung im Jugendalter. Theoretische Grundlagen und empirische Befunde aus sportpädagogischer Perspektive.* Schorndorf: Hofmann.

Neuber, N. (2020). *Fachdidaktische Konzepte Sport – Zielgruppen und Voraussetzungen* (Basiswissen Lernen im Sport). Wiesbaden: Springer VS. https://doi.org/10.1007/978-3-658-28464-0.

Neuber, N. (Hrsg.). (2021a). *Kinder- und Jugendsportforschung in Deutschland – Bilanz und Perspektive* (Bildung und Sport, 26). Wiesbaden: Springer VS. https://doi.org/10.1007/978-3-658-30776-9.

Neuber, N. (2021b). *Fachdidaktische Konzepte Sport II – Themenfelder und Perspektiven* (Basiswissen Lernen im Sport). Wiesbaden: Springer VS. https://doi.org/10.1007/978-3-658-30249-8.

Neuber, N., & Gebken, U. (2009). Anerkennung als sportpädagogischer Begriff – eine thematische Einführung. In U. Gebken & N. Neuber (Hrsg.), *Anerkennung als sportpädagogischer Begriff* (Jahrbuch Bewegungs- und Sportpädagogik in Theorie und Forschung, 8, S. 7–18). Hohengehren: Schneider.

Neuber, N., Kaufmann, N., & Salomon, S. (2015). Ganztag und Sport. In W. Schmidt, N. Neuber, T. Rauschenbach, H. P. Brandl-Bredenbeck, J. Süßenbach & C. Breuer (Hrsg.), *Dritter Deutscher Kinder- und Jugendsportbericht. Kinder- und Jugendsport im Umbruch* (S. 416–443). Schorndorf: Hofmann.

Neuber N., & Golenia, M. (2021). Lernorte für Kinder und Jugendliche im Sport. In A. Güllich & M. Krüger (Hrsg.), *Sport in Kultur und Gesellschaft – Handbuch Sport und Sportwissenschaft* (S. 55–71). Berlin, Heidelberg: Springer.

Neuber, N., & Scheid, V. (2021). Entwicklungstheoretische Ansätze. In E. Balz, S. Reuker, V. Scheid & R. Sygusch (Hrsg.), *Sportpädagogik – Eine Grundlegung* (S. 77–89). Stuttgart: Kohlhammer.

Nohl, H. (1963). *Die pädagogische Bewegung in Deutschland und ihre Theorie* (6. Aufl.). Frankfurt/M.: Schulte-Bulmke.

Oelkers, J. (2001). Theorien der Erziehung – Erziehung als historisches und aktuelles Problem. In L. Roth (Hrsg.), *Pädagogik – Handbuch für Studium und Praxis* (2. Aufl., S. 266–276). München: Oldenbourg.

Pfitzner, M., & Neuber, N. (2012). Individuelle Förderung im Sport – Didaktisch-methodische Grundlagen. In N. Neuber & M. Pfitzner (Hrsg.), *Individuelle Förderung im Sport – Pädagogische Grundlagen und didaktisch-methodische Konzepte* (Begabungsforschung, 14, S. 75–95). Münster: Lit.

Pfitzner, M., Neuber, N., Eckenbach, K., Liersch, J., Ludwig, K., & Aschebrock, K. (2021). Lernförderung durch Bewegung – Die Auswirkungen von Bewegung auf das exekutive System und Potenziale für einen lernförderlichen Sportunterricht. *Sportpädagogik, 45*(1), 2–8.

Pfitzner, M., & Pürgstaller, E. (2022). Lehren, Lernen und Unterrichten im Sport – Sportdidaktik. In A. Güllich & M. Krüger (Hrsg.), *Sport – Das Lehrbuch für das Sportstudium* (S. 529–561). Berlin: Springer Spektrum. https://doi.org/10.1007/978-3-662-64695-3_14.

Prohl, R. (2010). *Grundriss der Sportpädagogik* (3. Aufl.). Wiebelsheim: Limpert.

Prohl, R. (2022). Der Doppelauftrag des Erziehenden Sportunterrichts. In V. Scheid & R. Prohl (Hrsg.), *Sportdidaktik – Grundlagen, Vermittlungsformen, Bewegungsfelder* (3., durchgesehene und korrigierte Aufl., S. 64–84). Wiebelsheim: Limpert.

Prohl, R., & Scheid, V. (2022). Zum Verhältnis zwischen Sportpädagogik und Sportdidaktik. In V. Scheid & R. Prohl (Hrsg.), *Sportdidaktik – Grundlagen, Vermittlungsformen, Bewegungsfelder* (3., durchgesehene und korrigierte Aufl., S. 10–14). Wiebelsheim: Limpert.

Rauschenbach, T., Arnoldt, B., Steiner, C., & Stolz, H.-J. (2012). *Ganztagsschule als Hoffnungsträger für die Zukunft? Ein Reformprojekt auf dem Prüfstand. Expertise des Deutschen Jugendinstituts (DJI) im Auftrag der Bertelsmann Stiftung*. Gütersloh: Bertelsmann Stiftung.

Rogers, C. (1989). *Freiheit und Engagement. Personzentriertes Lehren und Lernen*. Geist und Psyche. Frankfurt a. M: Fischer.

Scheid, V. (2022). Organisationsformen und Akteure des Schulsports. In V. Scheid & R. Prohl (Hrsg.), *Sportdidaktik – Grundlagen, Vermittlungsformen, Bewegungsfelder* (3., durchgesehene und korrigierte Aufl., S. 31–48). Wiebelsheim: Limpert.

Scheid, V., & Prohl, R. (Hrsg.). (2022). *Sportdidaktik – Grundlagen, Vermittlungsformen, Bewegungsfelder* (3., durchgesehene und korrigierte Aufl., S. 31–48). Wiebelsheim: Limpert.

Scheid V., & Oesterhelt, V. (2022). Grundbegriff der Sportpädagogik. In E. Balz, S. Reuker, V. Scheid & R. Sygusch (Hrsg.), *Sportpädagogik – Eine Grundlegung* (S. 17–32). Stuttgart: Kohlhammer.

Scherler, K. (1997). Die Instrumentalisierungsdebatte in der Sportpädagogik. *Sportpädagogik, 21*(2), 5–11.

Schmidt, W. (2015). Informeller Sport. In W. Schmidt, N. Neuber, T. Rauschenbach, H. P. Brandl-Bredenbeck, J. Süßenbach & C. Breuer (Hrsg.), *Dritter Deutscher Kinder- und Jugendsportbericht. Kinder- und Jugendsport im Umbruch* (S. 201–216). Schorndorf: Hofmann.

Schmidt, W., Neuber, N., Rauschenbach, T., Brandl-Bredenbeck, H.-P., Süßenbach, J., & Breuer, C. (Hrsg.). (2015). *Dritter Deutscher Kinder- und Jugendsportbericht: Kinder- und Jugendsport im Umbruch*. Schorndorf: Hofmann.

Schmidt, S. C. E., Burchartz, A., Kolb, S., Niessner, C., Oriwol, D., Hanssen-Doose, A., Worth, A., & Woll, A. (2021). Zur Situation der körperlich-sportlichen Aktivität von Kindern und Jugendlichen während der Covid-19 Pandemie in Deutschland: Die Motorik-Modul Studie (MoMo). *KIT Scientific Working Papers, 165*, 1–17.

Schneewind, K. A. (2008). Sozialisation in der Familie. In K. Hurrelmann, M. Grundmann & S. Walper (Hrsg.), *Handbuch Sozialisationsforschung* (7., vollständig überarbeitete Aufl., S. 256–273). Weinheim, Basel: Beltz.

Schwier J., & Erhorn, J. (2015). Trendsport. In W. Schmidt, N. Neuber, T. Rauschenbach, H. P. Brandl-Bredenbeck, J. Süßenbach & C. Breuer (Hrsg.), *Dritter Deutscher Kinder- und Jugendsportbericht. Kinder- und Jugendsport im Umbruch* (S. 179–200). Schorndorf: Hofmann.

Sutton-Smith, B. (1978). *Die Dialektik des Spiels*. Schorndorf: Hofmann.

Tausch, R., & Tausch, A.-M. (1998). *Erziehungs-Psychologie. Begegnung von Person zu Person* (11. Aufl.). Göttingen: Hogrefe.

Thieme, L. (2015). Kommerzieller Sport. In W. Schmidt, N. Neuber, T. Rauschenbach, H. P. Brandl-Bredenbeck, J. Süßenbach & C. Breuer (Hrsg.), *Dritter Deutscher Kinder- und Jugendsportbericht. Kinder- und Jugendsport im Umbruch* (S. 162–178). Schorndorf: Hofmann.

Thole, W. (2016). Non-formales und informelles Lernen in der Kinder- und Jugendhilfe. In T. Burger, M. Harring & M. Witte (Hrsg.), *Handbuch informelles Lernen – Interdisziplinäre und internationale Perspektiven* (S. 439–459). Weinheim, Basel: Beltz Juventa.

Tiemann, H. (2015). Inklusiven Sportunterricht gestalten – didaktisch methodische Überlegungen. In M. Giese (Hrsg.), *Inklusiver Sportunterricht in Theorie und Praxis* (Edition Schulsport, 27, S. 53–66). Aachen: Meyer & Meyer.

Tippelt, R., & Reich-Claasen, J. (2010). Lernorte – Organisationale und lebensweltbezogene Perspektiven. *REPORT Zeitschrift für Weiterbildungsforschung, 2*, 11–21.

Trenz, G. (2019). Interaktionsprozesse im Unterricht. In G. Bovet & V. Huwendiek (Hrsg.), *Leitfaden Schulpraxis – Pädagogik und Psychologie für den Lehrberuf* (11. Aufl., S. 396–420). Berlin: Cornelsen.

Zimmer, R. (2019). *Handbuch Psychomotorik. Theorie und Praxis der psychomotorischen Förderung von Kindern* (1. Aufl.). Freiburg: Herder.

Zimmer, R. (2020). *Handbuch Bewegungserziehung – Grundlagen für Ausbildung und pädagogische Praxis* (26. Überarbeitete Aufl.). Freiburg: Herder.

Zinnecker, J. (1991). Jugend als Bildungsmoratorium. Zur Theorie des Wandels der Jugendphase in west- und osteuropäischen Gesellschaften. In W. Melzer, W. Heitmeyer, L. Liegle & J. Zinnecker (Hrsg.), *Osteuropäische Jugend im Wandel. Ergebnisse vergleichender Jugendforschung in der Sowjetunion, Polen, Ungarn und der ehemaligen DDR* (S. 9–25). Weinheim: Juventa.

Züchner, I. (2013). Sportliche Aktivitäten im Aufwachsen junger Menschen. In M. Grgic & I. Züchner (Hrsg.), *Medien, Kultur und Sport. Was Kinder und Jugendliche machen und ihnen wichtig ist. Die MediKuS-Studie* (S. 89–138). Weinheim: Beltz Juventa.

Fachdidaktische Modelle 4

Zusammenfassung

Das Kapitel befasst sich mit didaktischen Modellen für Unterricht und Sportunterricht. Ausgehend von Überlegungen zur Komplexität von Unterrichtsprozessen werden mit der bildungstheoretischen Didaktik, der lerntheoretischen Didaktik, der kommunikativen Didaktik und der konstruktivistischen Didaktik vier allgemeindidaktische Modelle vorgestellt. Darauf aufbauend werden mit der Planungsdidaktik, der Durchführungsdidaktik, der Auswertungsdidaktik und der kompetenzorientierten Didaktik vier fachdidaktische Modelle beschrieben. Ein Exkurs zu Vorläufern sportdidaktischer Modelle ergänzt das Kapitel.

4.1 Einführung

Allgemeine und fachdidaktische **Modelle und Konzepte** sollen grundsätzliche Orientierungen für die theoretische und praktische Auseinandersetzung mit Lehr-Lern-Prozessen im Sport geben. Im Kern geht es dabei um das Verständnis von Unterricht im Allgemeinen und Sportunterricht im Besonderen. Allen sportdidaktischen Ansätzen gemeinsam ist die Überzeugung, dass Bewegungs-, Spiel- und Sportangebote für Kinder und Jugendliche pädagogisch inszeniert werden können. Entsprechend der Fachkultur beziehen sich die Überlegungen dabei im Wesentlichen auf den **Sport in der Schule** (Neuber 2020, S. 137–158). Der Sport ist nach Deutsch und Mathematik das drittgrößte Unterrichtsfach. Dem Schulsport kommen innerschulische und außerschulische Aufgaben zu Im Sinne des Erziehenden Sportunterrichts lassen sich diese Aufgaben als fachimmanente

(Erziehung zum Sport) und überfachliche Ziele *(Erziehung durch Sport)* begründen (Prohl 2022). Insofern können Erziehung und Bildung als zentrale Aufgaben pädagogischen Handelns im Rahmen des **Erziehenden Sportunterrichts** herausgestellt werden (siehe Abschn. 3.3.3).

Sportunterricht findet unter komplexen Voraussetzungen statt. Das paradoxe Spannungsverhältnis der drei **Funktionen von Schule** (Haug 2019) – Qualifikation, Selektion und Integration – wird im Sportunterricht um mindestens eine Ebene erweitert. Neben dem Grundwiderspruch zwischen Qualifikation und Selektion kommt der Widerspruch zwischen dem „Sport als subjektiver Sinnerfüllung", wie ihn viele Kinder und Jugendlichen außerhalb der Schule schätzen, und dem Sport als „schulischer Pflichtveranstaltung", der schulischen Curricula und Verpflichtungen unterliegt, hinzu. Prohl (2010, S. 100) nennt das die **doppelte Paradoxie des Sportunterrichts** (vgl. Abb. 4.1). Pädagogische Aufgaben und schulische Rahmenbedingungen machen es erforderlich, dass sich (angehende) Sportlehrkräfte orientieren und sich ihrer eigenen Position gewiss werden, um begründet handeln zu können. Die Fachdidaktik Sport bietet dafür sportdidaktische **Modelle und Konzepte,** die in diesem sowie im folgenden

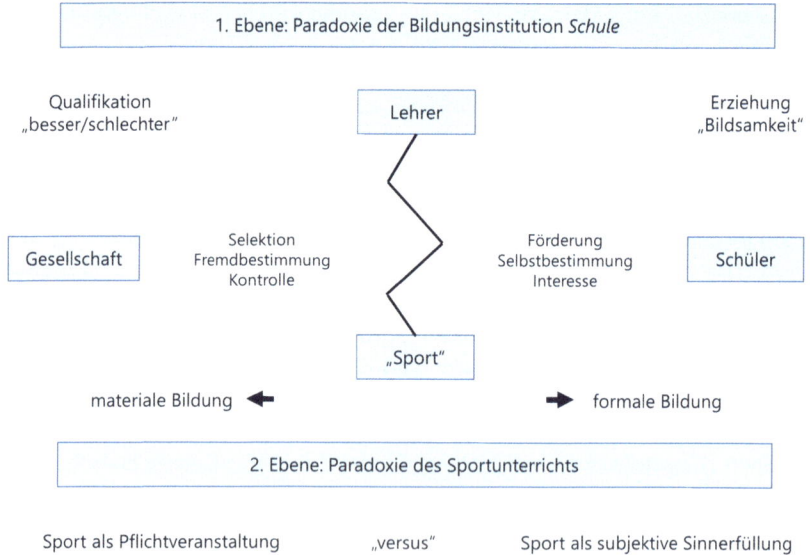

Abb. 4.1 Doppelte Paradoxie des Sportunterrichts. (Mod. nach Prohl, 2010, S. 100)

Kapitel vorgestellt werden. Einführung und Grundbegriffe sind in beiden Kapiteln dieselben (siehe Kap. 5). *Spezifische* fachdidaktische Konzepte *mittlerer* Reichweite werden an anderer Stelle vorgestellt (Neuber 2020, 2021).

4.2 Grundbegriffe

Zu den Grundbegriffen von didaktischen Modellen und Konzepten gehören zunächst „Unterricht" und „Unterrichten".

▶ **Unterricht** ist die gezielte Planung, Durchführung und Auswertung von Lehr-Lern-Prozessen in einem institutionellen Kontext.

Unterrichten ist die Tätigkeit von professionellen Lehrkräften, die „stärker als Erziehung, Hilfe oder auch Beratung an die Vermittlung eines Inhalts gebunden ist, den der Lehrende beherrscht und so vermitteln soll, dass er von Lernenden, die ihn noch nicht begreifen, gelernt werden kann" (Helsper und Keuffer 2010, S. 92). Die **Didaktik** ist die Wissenschaft von Unterricht und Unterrichten (vgl. Huwendiek 2019). Diese Überlegungen lassen sich auf das Unterrichtsfach Sport beziehen.

▶ **Sportunterricht** ist dann die gezielte Planung, Durchführung und Auswertung von Lehr-Lern-Prozessen im Feld von Bewegung, Spiel und Sport in einem institutionellen Kontext.

Sportunterrichten ist die professionelle pädagogische Tätigkeit von Sportlehrkräften, die auf die Initiierung von Lehr-Lern-Prozessen im Feld von Bewegung, Spiel und Sport abzielt. **Sportdidaktik** ist die Wissenschaft von Sportunterricht und Sportunterrichten. Während „Unterricht" eher die Strukturen der Lehr-Lern-Tätigkeit fokussiert, bezieht sich „Unterrichten" auf den Prozess der Umsetzung (Scherler 2008, S. 13–17).

Die Grundstrukturen unterrichtlichen Handelns werden in didaktischen Modellen und Konzepten zusammengefasst. Ein konzeptioneller Ausgangsunkt ist das **didaktische Dreieck,** das die wechselseitigen Beziehungen zwischen „Lehrer", „Schüler" und „Sache" beschreibt (Huwendiek 2019, S. 34). **Didaktische Modelle** sind dagegen komplexer. Sie können als allgemeine „Theoriegebäude zur Analyse und Modellierung didaktischen Handelns in schulischen und nichtschulischen Handlungszusammenhängen" verstanden werden (Jank und Meyer 2020, S. 35). Im Vergleich dazu sind **didaktische**

Konzepte stärker umsetzungsorientiert und bezeichnen „Gesamtorientierungen didaktisch-methodischen Handelns, in denen ein begründeter Zusammenhang von Ziel-, Inhalts- und Methodenentscheidungen hergestellt wird" (Jank und Meyer 2020, S. 305). Sie definieren grundlegende Prinzipien des Unterrichts und geben in der Regel auch konkrete Hinweise zur Gestaltung des Unterrichts (siehe Kap. 5). Die spezifischen Wechselwirkungen von Zielen, Inhalten und Methoden des Unterrichts werden als **Implikationszusammenhang** bezeichnet (Jank und Meyer 2020, S. 55).

4.3 Grundlagen

Didaktische Modelle versuchen, die Komplexität des unterrichtlichen Geschehens auf allgemeiner Ebene zu ordnen. Ein einfaches, bekanntes Grundmodell ist das **didaktische Dreieck** (vgl. Abb. 4.2). Damit werden die wechselseitigen Beziehungen zwischen „Lehrer", „Schüler" und „Sache" (Lerngegenstand) beschrieben (Huwendiek 2019, S. 34). Das didaktische Dreieck wird aufgrund seiner einfachen Struktur oft kritisiert. So monieren Jank und Meyer (2020, S. 55), dass der Unterricht damit einseitig lehrerzentriert gedacht werde und methodisches Handeln der Lernenden nicht thematisiere. Gleichwohl können mit dem Modell wesentliche Zusammenhänge des Unterrichts dargestellt werden, etwa die Aufgabe der Lehrkraft, die Sache so aufzubereiten, dass die Schülerinnen und Schüler sie lernen können. Ähnlich grundlegend ist das Zusammenspiel von Zielen, Inhalten und Methoden, das in der Didaktik als „Interdependenz" oder **Implikationszusammenhang** bezeichnet wird. Das bedeutet, dass die drei Elemente nicht nur in sich stimmig sein müssen, sondern dass auch eine passfähige Wechselwirkung untereinander besteht. Wird beispielsweise ein Ziel verändert, müssen Inhalte und Methoden zwangsläufig angepasst werden (Jank und Meyer 2020, S. 55–60).

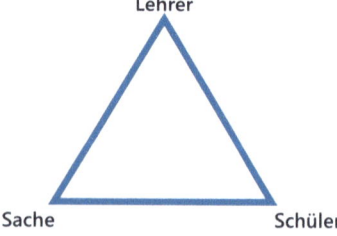

Abb. 4.2 Didaktisches Dreieck. (Mod. nach Scherler 2008, S. 17)

4.3 Grundlagen

Ein umfassenderes Grundmodell ist das **Strukturmodell des Unterrichts** von Jank und Meyer (2020, S. 61–71). Es geht davon aus, dass Unterricht durch die fünf Strukturmerkmale Ziele, Inhalte, soziale Beziehungen, Handlungen und Zeit beschrieben werden kann (vgl. Abb. 4.3). Jedes Merkmal wird „von einer je eigenen didaktischen Logik geprägt, die bei der Analyse, Planung und Realisierung von Unterricht beachtet werden muss" (Jank und Meyer 2020, S. 63). Zudem ist das Modell in einer erweiterten Form von drei „Ringen" umgegeben, die die personalen, institutionellen und gesellschaftlichen **Voraussetzungen von Unterricht** darstellen (Jank und Meier 2020, S. 67–69). Das Strukturmodell wird oft als Ausgangspunkt für die Darstellung allgemeiner und fachspezifischer Modelle genutzt, weil es zentrale Elemente des Unterrichts beschreibt. Insofern können damit auch **Grundzüge des Sportunterrichts** analysiert werden. Gleichwohl ist es nicht frei von normativen Setzungen. Auch im

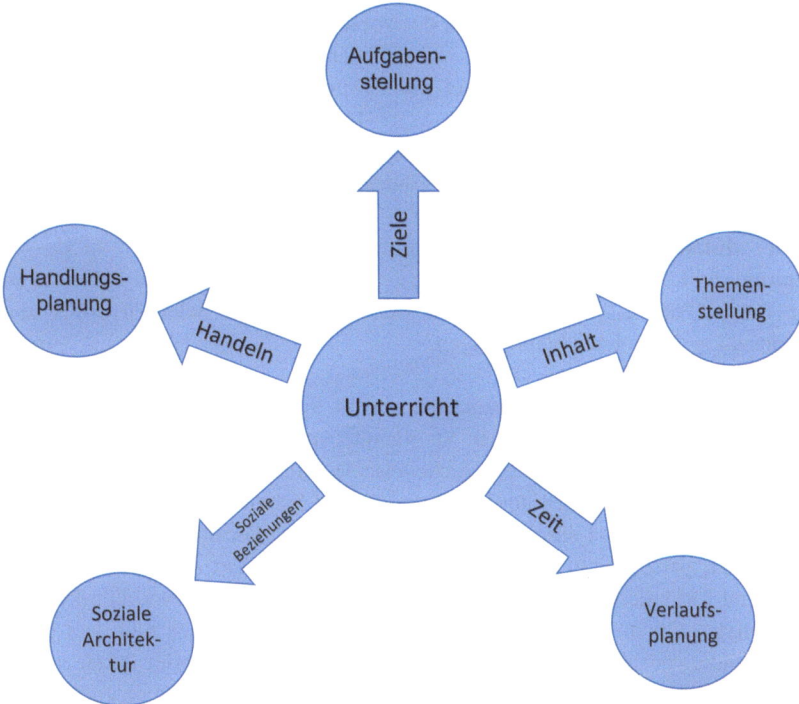

Abb. 4.3 Strukturmodell des Unterrichts. (Mod. nach Jank und Meyer 2020, S. 63)

vorliegenden Band wird ein (unterrichtstheoretisches) Modell zugrunde gelegt (siehe Kap. 1), das selbstverständlich nicht mit allen Vorstellungen von Unterricht und Unterrichtsanalyse vereinbar ist.

Die Komplexität unterrichtlicher Strukturen und Prozesse wird im **Sportunterricht** um die Bewegung im Raum erweitert. Lehrende und Lernende befinden sich nicht – wie im Klassenraum – mehr oder weniger statisch an einem Ort, sondern sind permanent in Bewegung. Insofern ist das Handeln von Schülerinnen und Schülern sowie Lehrerinnen und Lehrern im Sportunterricht besonders vielfältig (Krieger 2011). Zu den **Handlungsformen von Lernenden** gehören das Erkunden und Erproben, Lernen und Üben, Trainieren und Wettkämpfen, Spielen und Entdecken, Improvisieren und Gestalten sowie Bauen und Konstruieren. Entsprechend komplex sind auch die **Handlungsformen von Lehrenden** mit Planen und Auswerten, Betreuen und Unterweisen, Beobachten und Korrigieren, Diagnostizieren und Bewerten, Differenzieren und Integrieren sowie Motivieren und Disziplinieren (vgl. Wolters et al. 2000). Zur Vielfalt der Handlungsformen kommt die Vielfalt der Voraussetzungen von Schülerinnen und Schülern hinzu, nicht zuletzt, weil viele Kinder und Jugendliche über fachliche Vorerfahrungen verfügen. Der Sport gilt darum als besonders voraussetzungsreiches Unterrichtsfach (Neuber 2020, S. 93–113).

Vor dem Hintergrund dieser Komplexität plädiert Karlheinz Scherler (2008) für eine sportbezogene Erweiterung des didaktischen Dreiecks (vgl. Abb. 4.4).

▶ Der **didaktische Stern** ist ein sportdidaktisches Grundmodell, in dessen Zentrum die Lehrkraft steht, die drei wesentliche Aufgaben hat: die Präsentation der Inhalte, die Interaktion mit den Schülerinnen und Schülern sowie die Organisation der Rahmenbedingungen.

Letzteres ist als Spezifikum anzusehen, da im Sportunterricht vergleichsweise viel organisiert werden muss, z. B. Sportgeräte, -räume und -zeiten. Gleichwohl kann auch hier die lehrerzentrierte Sichtweise des Modells kritisiert werden, nicht zuletzt, weil die Aktivitäten der Schülerinnen und Schüler ausgeblendet werden. Andererseits hat die Lehrerin bzw. der Lehrer die **Verantwortung für den Unterricht,** ganz gleich, wie schülerorientiert er inszeniert sein mag. Dementsprechend formuliert Scherler als Anforderung an das Handeln von Lehrkräften, dass Inhalte, Organisation und Interaktion stimmig sein müssen und dass diese „drei Handlungsweisen […] zueinander passen müssen" (Scherler 2008, S. 19). Ausgehend von diesen grundlegenden Überlegungen werden im Folgenden ausgewählte allgemeindidaktische und sportdidaktische Modelle vorgestellt und in einem abschließenden Fazit bilanziert.

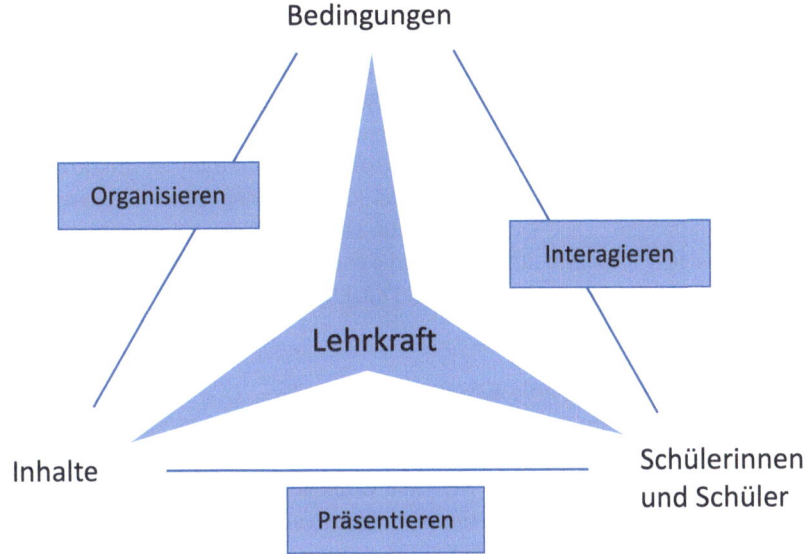

Abb. 4.4 Didaktischer Stern. (Mod. nach Scherler 2008, S. 18)

4.3.1 Allgemeindidaktische Modelle

Mit einem Modell werden ideale Muster oder Vorbilder beschrieben, an denen sich das Handeln orientieren soll. In einem analytischen Sinn versteht man darunter „eine vereinfachende, meist graphische Darstellung von komplexen Sachverhalten und Zusammenhängen" (Terhart 2019, S. 148). Entsprechend zielen **Modelle der allgemeinen Didaktik** auf die Darstellung grundsätzlicher Aspekte des Lehrens und Lernens. Sie können als erziehungswissenschaftliche Theoriegebäude verstanden werden, die der Analyse und Modellierung didaktischen Handelns in schulischen und außerschulischen Feldern dienen.

▶ **Didaktische Modelle** sollen „theoretisch umfassend und praktisch folgenreich die Voraussetzungen, Möglichkeiten, Folgen und Grenzen des Lehrens und Lernens" aufklären (Jank und Meyer 2020, S. 35). Dabei können sie in der Regel jeweils einer spezifischen **wissenschaftstheoretischen Grundposition** zugeordnet werden.

Da allgemeindidaktische Modelle für alle Schulstufen, Schulformen und Schulfächer und zudem noch für außerschulische Felder gelten sollen, bleiben sie zwangsläufig relativ allgemein und formal. Gleichwohl sollen sie für den **Prozess des Lehrens und Lernens** Übersicht und Ordnung herstellen, Komplexität verringern und eine gewisse Handlungsorientierung bieten (Jank und Meyer 2020, S. 35–36). In der allgemeinen Didaktik existiert eine Vielzahl an **didaktischen Modellen** mit ganz unterschiedlichen Leitideen, theoretischen Bezügen und Modellvorstellungen. Das Spektrum reicht von der bildungstheoretischen und lerntheoretischen Didaktik über die dialektische und kritisch-kommunikative Didaktik bis hin zur konstruktivistischen Didaktik, Neurodidaktik und Bildungsgangdidaktik (vgl. Terhart 2021).

▶ **Literaturtipp** Terhart, E. (2019). *Didaktik – Eine Einführung.* Stuttgart: Reclam.
Der Band von Ewald Terhart erscheint in der kostengünstigen Reclam-Reihe und befasst sich mit Grundlagen des Lehrens und Lernens sowie mit didaktischen Theorien und Modellen aus allgemeindidaktischer Perspektive.

Hinzu kommt, dass die Modelle nicht statisch sind, sondern sich mit der Zeit und den handelnden Personen weiterentwickeln. So hat beispielsweise die **lerntheoretische Didaktik** „von einem einfachen Empirismus […] der ‚Berliner Schule' zu einer ideologiekritischen Auffassung zu Beginn der 1970er Jahre bis zu sehr subjektnahen, z. T. schon quasi-therapeutischen Formen im ‚Hamburger Modell'" eine bewegte Geschichte hinter sich (Terhart 2019, S. 158). Inwieweit didaktische Modelle die an sie gestellten Ansprüche erfüllen können, ist umstritten. Die Einschätzungen reichen von „Feiertagsdidaktiken" über „Problematisierungshilfen" bis hin zur Formulierung von „Unterrichtsrezepten" (Jank und Meyer 2020, S. 36). Letztlich hängt ihre Berechtigung davon ab, ob sie dazu beitragen, Lehr-Lern-Prozesse unter einer spezifischen Perspektive zu beschreiben und damit eine **Orientierung für unterrichtliches Handeln** zu geben. In diesem Sinne werden im Folgenden vier ausgewählte allgemeindidaktische Modelle vorgestellt (vgl. Tab. 4.1).

Die **bildungstheoretische Didaktik** ist das erste große allgemeindidaktische Modell der Nachkriegszeit. Es zielt auf die „Anbahnung von Bildung durch die Begegnung der jungen Menschen mit Kultur" (Terhart 2021, S. 30). Materiale Bildungstheorien stellen die Bildungsinhalte in den Mittelpunkt. Formale Bildungstheorien betonen die Entwicklung der Fähigkeiten und Potenziale von Schülerinnen und Schülern. Im Konzept der **kategorialen Bildung** werden

Tab. 4.1 Allgemeindidaktische Modelle im Überblick

	Bildungstheoretische Didaktik	Lerntheoretische Didaktik	Kommunikative Didaktik	Konstruktivistische Didaktik
Vertreter	Wolfgang Klafki	Paul Heimann	Walter Popp	Kersten Reich
Leitidee	Bildung durch Begegnung junger Menschen mit der Kultur	Ordnung von Strukturmerkmalen zur Planung von Unterricht	Unterricht als soziale Situation in symmetrischer Kommunikation	Lernen als Akt der Konstruktion von Wissen in der Gemeinschaft
Modellvorstellung	Kategoriale Bildung als Verbindung materialer und formaler Bildung	Interdependenz von Voraussetzungs- und Entscheidungsfeldern	Soziale Interaktionsprozesse als Basis des Lernens	Konstruktion von Wissen
Didaktische Arbeitsweise	Didaktische Analyse i. S. der Interpretation und Strukturierung von Inhalten	Strukturanalyse zur rationalen Organisation von Lehr-Lern-Prozessen	Rückgriff auf die Vielfalt methodischer Zugänge	Konstruktion, Rekonstruktion, Dekonstruktion von Wissen
Theoriebezug	Hermeneutische Wissenschaft	Empirisch-analytische Wissenschaft	Kritische Erziehungswissenschaft	Konstruktivistische Wissenschaft

materiale und formale Theorien verbunden (Klafki 1957). Bildendes Unterrichten ist der geisteswissenschaftlich-hermeneutischen Pädagogik zuzurechnen. Im Zentrum des Ansatzes steht die **didaktische Analyse,** d. h. die Interpretation und didaktische Strukturierung von Unterrichtsinhalten. Um den Bildungsgehalt von Inhalten zu bestimmen, wird insbesondere nach Gegenwartsbedeutung, Zukunftsbedeutung, Struktur, exemplarischer Bedeutung und Zugänglichkeit des Inhalts gefragt (Jank und Meyer 2020, S. 205). Die Auswahl und Anordnung von Inhalten stehen damit im Vordergrund, während Methodenfragen eher nachgeordnet sind. Besonders deutlich wird der Inhaltsbezug in den fachübergreifend formulierten „epochaltypischen Schlüsselproblemen" der kritisch-konstruktiven Didaktik Klafkis (1995), wie z. B. Frieden, Umwelt oder Demokratisierung.

Auch die **lerntheoretische Didaktik** gehört zu den Klassikern allgemeindidaktischer Modelle. Im Kern geht es um die Ordnung von Strukturmerkmalen des Unterrichts im Sinne einer zielgerichteten Unterrichtsplanung (Heimann et al. 1965). Aus der Perspektive der handelnden Lehrkraft versucht der Ansatz, ihr „wissenschaftlich gesicherte Informationen zur Gestaltung des Unterrichts an die Hand zu geben" (Terhart 2021, S. 31). Insofern ist die lerntheoretische Didaktik der empirisch-analytischen Wissenschaft zuzurechnen. Im Mittelpunkt steht die **Strukturanalyse des Unterrichts,** bei der, ausgehend von den anthropogenen und soziokulturellen Voraussetzungen („Voraussetzungsfelder"), Intention, Inhalt, Methode und Medienauswahl („Entscheidungsfelder") geklärt werden (Jank und Meyer 2020, S. 263). Diese Faktoren stehen in einer wechselseitigen Interdependenz zueinander und beeinflussen die Wirkungen des Unterrichts, die wiederum als Voraussetzung in folgende Planungen eingehen. Insofern werden lerntheoretische Modelle auch gern als Regelkreis dargestellt (vgl. Abb. 1.3). Unterricht wird damit weniger als bildende Weltbegegnung, sondern eher als „zweckrationale und erfolgskontrollierte **Organisation von Lehr-Lern-Prozessen**" verstanden (Terhart 2019, S. 157).

Die **kommunikative Didaktik** kann als Gegenbewegung zu bildungs- und lerntheoretischen Ansätzen verstanden werden (Popp 1976). Der Ansatz fokussiert den Prozess der sozialen Interaktion in der Lerngruppe. Unterricht wird „als soziale Situation verstanden, in die die Beteiligten ihre je persönlichen Vorerfahrungen, Sichtweisen und Definitionen einbringen" (Terhart 2021, S. 33). Dazu greift die kommunikative Didaktik sowohl auf philosophische und kommunikationstheoretische Wissenschaften als auch auf Erkenntnisse der empirischen Unterrichtsforschung zurück. Allerdings geht es dabei weniger um Instruktionsprozesse als vielmehr um **Interaktionsstrukturen** und deren Wirkungen. Die kommunikative Didaktik orientiert sich darüber hinaus „am Ziel der Etablierung möglichst herrschaftsfreier, symmetrischer Kommunikation im Klassenzimmer" (Terhart 2019, S. 161). Damit besteht eine gewisse Nähe zur **dialektischen Didaktik,** die den Widerspruch von Führung und Selbsttätigkeit als „Triebkraft" des Unterrichts versteht (Jank und Meyer 2020, S. 248). Beiden Ansätzen geht es im Sinne einer „kritischen Erziehungswissenschaft" um Lehr-Lern-Prozesse „auf Augenhöhe". Insofern überrascht es nicht, dass die kommunikative Didaktik mittlerweile zu großen Teilen in Konzepte des schülerorientieren, erfahrungsnahen und offenen Unterrichts übergegangen ist, deren Methodenvielfalt praktisch genutzt wird (Terhart 2021, S. 35).

Zu den neueren allgemeindidaktischen Modellen gehört die **konstruktivistische Didaktik.** Auch dieser Ansatz orientiert sich an unterrichtlichen Interaktionsprozessen (Reich 1997). Ausgangspunkt ist jedoch die Überzeugung, dass es kein Wissen „an sich" gibt, sondern dass alles Wissen konstruiert wird. Das bedeutet, „dass Lernen ein Akt der **(Ko-)Konstruktion in Gemeinschaften** ist, dass Lehrer das Lernen nicht erzeugen, sondern nur anregen können, und dass ein Beurteilen von Lernergebnissen auf der Basis von Richtig/Falsch-Unterscheidungen inadäquat ist" (Terhart 2021, S. 36). Insofern liegt der wissenschaftstheoretische Bezugspunkt des Ansatzes in der konstruktivistischen Wissenschaft. Grundlegend für die konstruktivistische Didaktik ist der methodische Dreischritt von **Konstruktion, Rekonstruktion und Dekonstruktion,** was zur dreifachen „Entfaltungsaufgabe" der Erfindung, der Wiedergabe und der Enttarnung von Wissen im Unterricht führt (Jank und Meyer 2020, S. 293–297). Lernen wird dabei zu einer „ko-konstruierenden Tätigkeit der Lernenden selbst, wobei jedes Lernergebnis am Ende als Erfolg zählen muss" (Terhart 2019, S. 165–166). Damit wird der Ansatz nicht zuletzt für neuere Konzepte des informellen Lernens, des vernetzten Lernens oder auch des digitalen Lernens interessant.

4.3.2 Sportdidaktische Modelle

Die Diskussion um didaktische Modelle in der allgemeinen Didaktik wird in der Sportdidaktik rezipiert (z. B. Pfitzner 2021), sie führt jedoch nicht zu einer größeren Diskussion *fachspezifischer* Modelle. Zu Beginn der 1970-er Jahre – im Übergang von der Theorie der Leibeserziehung zum Sportcurriculum – war das durchaus anders (siehe Kasten). Heute wird zumeist weniger grundsätzlich diskutiert. Das mag zum einen terminologische Gründe haben. So bilanziert Balz (1992, S. 13), dass sportdidaktische „Ansätze" zwar eine gewisse Nähe zu didaktischen Konzepten haben, letztlich aber „irgendwo" zwischen didaktischen Modellen und Konzepten anzusiedeln seien. Zum anderen ist die Diskussion um das **Lehren und Lernen im Sport** sehr vielschichtig. So befassen sich mehr oder weniger alle sportwissenschaftlichen Teildisziplinen mit Vermittlungsfragen, etwa auch die Trainingswissenschaft (z. B. Weineck 2019) oder die Sportpsychologie (z. B. Hänsel et al. 2022). Allgemeine **sportdidaktische Diskussionen** greifen zwar neuere Theorieentwicklungen auf. So plädieren Thiele und Schierz (2011) für eine Weiterentwicklung der didaktischen Leitidee der Handlungsfähigkeit im Sinne einer „Handlungsbefähigung", bleiben aber bei einem groben Entwurf stehen. Andere Ansätze befassen sich mit der Frage nach dem **Gegenstand des Sports** und entwickeln alternative Modelle wie das „Fachmodell Sport" (Messmer 2013) oder das „Vier-Felder-Modell des Sports" (Balz 2021). Ein umfassendes sportdidaktisches Modell im Sinne einer grundsätzlichen Analyse des Lehrens und Lernens im Sport liefern sie jedoch nicht.

> **Vorläufer sportdidaktischer Modelle**
> Seit den Ursprüngen der abendländischen Geschichte im antiken Griechenland existieren Ansätze einer **Körper- bzw. Bewegungskultur,** die an junge Menschen vermittelt werden soll (Krüger 2020). Mit Beginn der Neuzeit wurden die Ansätze pädagogisch weiterentwickelt, etwa in der „naturgemäßen" Erziehung bei Rousseau oder bei den Philanthropen, im natürlichen Turnen oder der reformpädagogischen Leibeserziehung, aber auch in der politisch motivierten Leibeserziehung des Nationalsozialismus (Prohl 2010, S. 21–88). Nach dem Zweiten Weltkrieg bis etwa Ende der 1960-er Jahre war das maßgebliche Modell zunächst die **Theorie der Leibeserziehung,** das mit Beginn der 1970-er Jahre dann von der Curriculumtheorie abgelöst wurde. Während die Leibeserziehung auf eine bildungstheoretische Begründung des Bewegungshandelns in der Schule setzte, orientierte sich das **Sportcurriculum** an den gesellschaftlichen Veränderungen des Sports. Dahinter stand die sogenannte „realistische Wende" der Pädagogik. Die Erziehungswissenschaft verstand sich zunehmend „als Sozialwissenschaft, übernahm die Methoden der empirischen Sozialforschung […] und wandte sich von den pädagogischen Werten ab und den pädagogischen Tatsachen zu" (Größing 2007, S. 18–19). Entsprechend wurde aus der Leibeserziehung der Sportunterricht in der Schule.
>
> Die beiden Vorläufer sportdidaktischer Modelle der Nachkriegszeit können als idealtypisch für das Spektrum sportdidaktischer Ausrichtungen verstanden werden. Während die **Theorie der Leibeserziehung** ihre Ziele normativ-hermeneutisch ableitete und ihre Inhalte unabhängig von außerschulischen Entwicklungen auswählte, ging es

4.3 Grundlagen

dem **Sportcurriculum** um gesellschaftlich relevante Qualifikationen für den außerschulischen Sport (Pfitzner und Pürgstaller 2022, S. 531–533). Auf der einen Seite standen methodische Meisterlehren und das Vertrauen in den Erfolg des Unterrichts, auf der anderen Seite eine mehr oder weniger abstrakte Unterrichtstechnologie mit messbaren Ergebnissen und quantitativen Lernerfolgskontrollen (Prohl 2022, S. 49–51). Im Gegensatz zu den vermeintlich zeitunabhängigen **Werten und Normen** der Leibeserziehung, sollten hier die Bedürfnisse der Schülerinnen und Schüler nach außerschulischem „Sport" maßgeblich sein (Größing 2007, S. 18–22). Die Hoffnungen, die in das Sportcurriculum gesetzt wurden, haben sich allerdings nicht erfüllt. Schon bald wurde offensichtlich, „dass der Schüler als individuelle Person hinter den gesellschaftlich ermittelten Qualifikationen und **Lehr-/Lerntechnologien** zu verschwinden drohte" (Prohl 2022, S. 50). So diskutiert die Sportdidaktik bis heute um die richtigen Orientierungen für den Sportunterricht.

Dabei gibt es durchaus zwei etablierte sportdidaktische Modelle, die dem Anspruch einer komplexen Modellierung nachkommen. Die **Planungsdidaktik** zielt auf die Bestimmung von Kriterien, „nach denen die Vielfalt der Phänomene, Situationen und Strukturelemente [des Sportunterrichts im Sinne einer zielgerichteten Planung] überschaubar gemacht und geordnet werden kann" (Größing 2007, S. 38). Die **Auswertungsdidaktik** fokussiert dagegen die Reflexion realer Unterrichtsprozesse mit dem Ziel der Verbesserung zukünftiger Praxis (Scherler 2008). Ergänzt werden diese Ansätze zum einen um eine **Durchführungsdidaktik,** die den Dreischritt von Planen, Durchführen und Auswerten aufgreift und versucht, ein Modell für das akute Unterrichtsgeschehen zu entwerfen (Neuber 2004). Zum anderen kann die Diskussion um einen kompetenzorientierten Sportunterricht genutzt und im Sinne einer **kompetenzorientierten Didaktik** ausgelegt werden. Zwar ist auch hier noch kein einheitliches didaktisches Modell erkennbar, wohl aber gibt es Grundzüge sportdidaktischer Kompetenzmodelle (Pfitzner 2021, S. 29–32). Damit können vier fachspezifische Modelle mit unterschiedlichen Leitideen und Theoriebezügen exemplarisch herausgestellt werden (vgl. Tab. 4.2).

Das Modell der **Planungsdidaktik** hat in der Sportdidaktik Tradition (Söll 1996; Größing 2007; Heymen und Leue 2014). Es basiert auf einer Ordnung von Strukturmerkmalen mit dem Ziel einer umfassenden Planung des Sportunterrichts (vgl. Abb. 4.5). Damit setzt es vor allem *vor* der Durchführung des Sportunter-

Tab. 4.2 Sportdidaktische Modelle im Überblick

	Planungs-didaktik	Durch-führungs-didaktik	Auswertungs-didaktik	Kompetenz-orientierte Didaktik
Vertreter	Stefan Größing	Nils Neuber	Karlheinz Scherler	André Gogoll
Leitidee	Ordnung von Strukturmerkmalen zur Planung von Unterricht	Sensibilisierung für akute Unterrichtsprozesse	Reflexion von Unterrichtsprozessen zur Verbesserung der Praxis	Output-orientierte Planung und Durchführung von Unterricht
Modellvorstellung	Voraussetzungs- und Entscheidungsfelder von Unterricht	Kontaktprozesse von Lehrenden, Lernenden und Sache	Fakten und Normen darstellen, Probleme identifizieren, Lösungen empfehlen	Sach-, Selbst- und Sozialkompetenzen in verschiedenen Dimensionen und Stufen
Didaktische Arbeitsweise	Bedingungsanalyse, Strukturanalyse, Wirkungsanalyse	Haltungen reflektieren, Beziehungen klären, Aufgaben stellen	Auswertung von unterrichtlichen Unglücksfällen	Zielbewusste Planung, kognitive Aktivierung, intensive Auseinandersetzung
Bezüge zur Allgemeinen Didaktik	Lerntheoretische Didaktik	Kommunikative Didaktik	Dialektische Didaktik, kommunikative Didaktik	Bildungstheoretische Didaktik, lerntheoretische Didaktik

richts an. Im Rahmen der **Bedingungsanalyse** werden die Voraussetzungen von Schule und Gesellschaft, aber auch von Lehrenden und Lernenden hinterfragt („Bedingungsebene"). Die **Strukturanalyse** versucht, möglichst viele, im Idealfall alle Elemente einer Unterrichtsstunde zu erfassen, um dadurch den reibungslosen Ablauf einer Stunde zu gewährleisten. Dazu gehören beispielsweise Ziele, Inhalte, Methoden, Organisations- und Handlungsformen einer Stunde („Entscheidungsebene"). In der **Wirkungsanalyse** werden die Folgen des Unterrichts evaluiert, z. B. das Können, das Wissen und die Einstellungen der Schülerinnen und Schüler („Auswertungsebene") (Größing 2007, S. 35–41). Die Planungsdidaktik zielt auf die **Strukturperspektive** des Unterrichts und bietet sich damit

4.3 Grundlagen

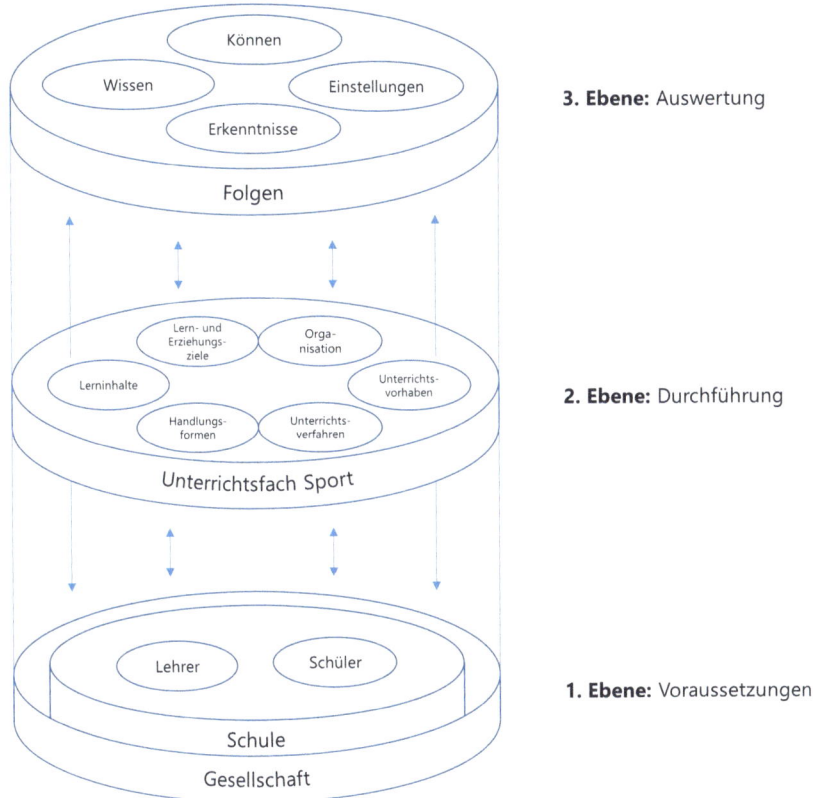

Abb. 4.5 Modell der integrativ-unterrichtstheoretischen Sportdidaktik. (Mod. nach Größing 2007, S. 37)

insbesondere für „Novizen des Lehrgeschäfts" an, weil sie aus der „Draufsicht" einen Überblick über relevante Aspekte des Sportunterrichts gibt (Scherler 2008, S. 13–15). Ein Bezug zur allgemeinen Didaktik besteht vor allem im Hinblick auf das lerntheoretische Modell.

Eine Modellidee, die *während* der Durchführung des Unterrichts ansetzt, ist die **Durchführungsdidaktik**. Der Begriff hat sich bislang noch nicht durchgesetzt, dennoch gibt es in der Sportdidaktik zahlreiche Ansätze zur konkreten Umsetzung des Sportunterrichts (vgl. Neuber, 2004). So befasst sich Treutlein (1998) im Sinne einer **Beziehungsdidaktik** mit der Bedeutung der

Beziehungsebene zwischen Sportlehrkräften sowie Schülerinnen und Schülern, die er in Bezug auf das Gelingen des Sportunterrichts für zentral hält. Funke-Wieneke (1997) geht es in seiner **Vermittlungsdidaktik** darum, zwischen der Bewegungsaufgabe und dem Bemühen der Lernenden so zu vermitteln, dass der Unterricht erfolgreich ist. Köppe (2002) stellt die Person von Sportlehrkräften in den Mittelpunkt seiner **Sportlehrerdidaktik,** die sich auf die Reflexion von Alltagsroutinen und subjektiven Theorien konzentriert. Ein Modell, das Kontaktprozesse zwischen „Ich" (Lehrperson), „Wir" (Lerngruppe) und „Es" (Sache) fokussiert, ist die **themenzentrierte Interaktion** nach Cohn (2000). Eine sportdidaktische Auslegung steht bislang noch aus. Gleichwohl werden in den Ausführungen zum Konzept (vgl. Abb. 4.6) konkrete Hinweise gegeben, wie beispielsweise auf der Grundlage des Postulats „Störungen haben Vorrang" auf Abweichungen im Stundenverlauf reagiert werden kann (Gudjons 2003, S. 77–102). Damit zielt die Durchführungsdidaktik explizit auf die **Prozessperspektive** des Unterrichts und hat eine gewisse Nähe zum Modell der kommunikativen Didaktik. Zukünftig sind auch Bezüge zur Diskussion um die Unterrichtsqualität im Sport denkbar, die ebenfalls den Unterrichtsprozess in den Mittelpunkt rücken (Richartz und Kohake 2021).

Das Modell der **Auswertungsdidaktik** setzt *nach* der Durchführung einer Sportstunde an (Scherler und Schierz 1993; Scherler 2008; Wolters 2015). Im Gegensatz zu Planungsdidaktiken, die von einem mehr oder weniger willkürlich gesetzten Nullpunkt aus Pläne für „guten" Unterricht entwerfen, geht es diesem **kasuistischen Ansatz** um die Reflexion von vergangenen Unterrichtsprozessen mit dem Ziel der Verbesserung künftiger Praxis. Durch die strukturierte

Abb. 4.6 Modell der themenzentrierten Interaktion. (Mod. nach Gudjons 2003, S. 82)

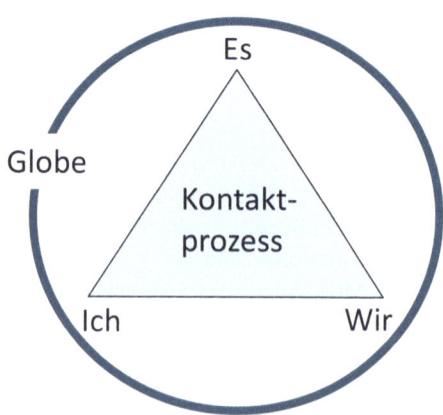

4.3 Grundlagen

Auswertung von Fällen entsteht ein **wissenschaftliches Fallwissen,** das „durch handlungsentlastende und stellvertretende Deutungen Hilfestellungen dabei [gibt], sich beim Aufbau oder beim Umbau eines könnensrelevanten Fallwissens Praxiserfahrungen reflexiv zu machen" (Schierz und Thiele 2002, S. 31–32). Ein **Grundmodell** kasuistischer Sportdidaktik setzt bei der möglichst genauen Beschreibung unterrichtlicher „Fakten" an, die in Bezug zu den „Normen" gesetzt werden. Im Fall eines „Problems" besteht eine Diskrepanz zwischen Fakten (Sein) und Normen (Sollen) des Unterrichts, für die in einer reflexiven Bearbeitung, z. B. im Sportstudium, mögliche Lösungen entwickelt werden. Die „Lösungen" können in der Anpassung an die Fakten oder an die Normen bestehen (vgl. Abb. 4.7). Die Auswertungsdidaktik fokussiert damit ebenfalls die **Prozessperspektive** des Unterrichts und hat Bezüge zur kommunikativen und dialektischen Didaktik.

Die Idee einer **kompetenzorientierten Didaktik** greift auf die Diskussion um die Standardisierung des (Sport-)Unterrichts und die damit einhergehende Kompetenzdebatte zurück (Pfitzner 2021, S. 29–32). Die bislang vorgelegten Modelle zielen im Wesentlichen auf Mündigkeit und Autonomie der Schülerinnen und Schüler, basieren aber auf ganz unterschiedlichen theoretischen Ansätzen (Pfitzner 2021, S. 29–32). Im Sinne eines sportdidaktischen Modells steht die outputorientierte **Planung und Durchführung** des Sportunterrichts im Zentrum, d. h. es geht nicht vorrangig um die Auswahl von Inhalten oder Methoden, sondern um das Ergebnis des Unterrichts (Ergebnisperspektive) (Kurz und Gogoll 2010). Je nach Ansatz sollen dabei Kompetenzen in unterschiedlichen

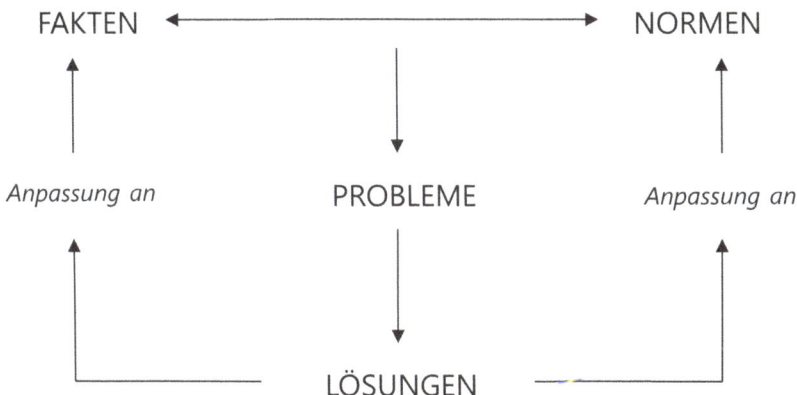

Abb. 4.7 Modell der kasuistischen Sportdidaktik. (Mod. nach Scherler 2008, S. 27)

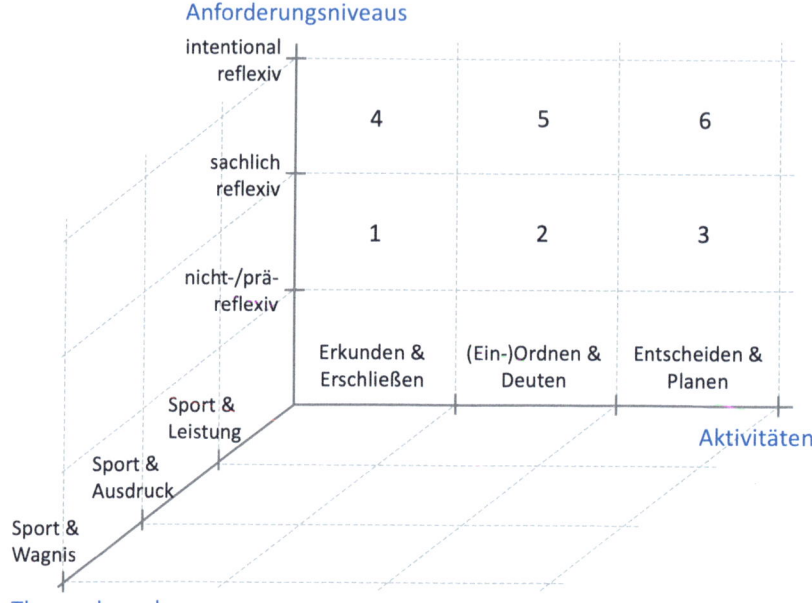

Abb. 4.8 Dreidimensionales Modell sport- und bewegungskultureller Kompetenz. (Mod. nach Gogoll, 2013, S. 18)

Dimensionen und auf unterschiedlichen Stufen gefördert werden. Im Ansatz der **sport- und bewegungskulturellen Kompetenz** von Gogoll (2011) geht es beispielsweise um Erschließungs-, Orientierungs- und Partizipationskompetenzen auf vor-reflexiver, sachlich-reflexiver und intentional-reflexiver Stufe (vgl. Abb. 4.8). In methodischer Hinsicht kommen Aufgabenstellung und kognitiver Aktivierung besondere Bedeutung zu (vgl. Pfitzner 2018). In Bezug auf die Begründung von Kompetenzen bestehen Bezüge zur bildungstheoretischen Didaktik. Zugleich bietet die lerntheoretische Didaktik Anknüpfungspunkte für die ziel- bzw. ergebnisorientierte Planung des Unterrichts.

▶ **Literaturtipp** Pfitzner, M. (2021). Sportdidaktik. In A. Güllich & M. Krüger (Hrsg.), *Sport in Kultur und Gesellschaft* (S. 15–35). Berlin: Springer Spektrum.

Der Beitrag von Michael Pfitzner gibt einen komprimierten, guten Überblick zu didaktischen Modellen, fachdidaktischen Konzepten und empirischen Studien der Sportdidaktik.

4.4 Didaktische Modelle im Überblick

Didaktische Modelle beziehen sich auf den Gesamtprozess des Planens, Durchführens und Auswertens von Unterricht einschließlich der Voraussetzungs- und Entscheidungsebene. Im Gegensatz zu didaktischen Konzepten betrachten **didaktische Modelle** die Voraussetzungen, Möglichkeiten und Folgen des Unterrichts in einer theoretisch umfassenden Weise, die auch wissenschaftstheoretische Grundpositionen einbezieht (vgl. Abb. 4.9). Als Theoriegebäude zur Analyse und Modellierung didaktischen Handelns reicht ihr Anspruch weiter als der stärker praxisorientierte Anspruch von didaktischen Konzepten. Gleichwohl können sie dazu beitragen, das eigene **Verständnis von Unterricht und Unterrichten** zu schärfen. Allgemeindidaktische Modelle tun das in einer übergreifenden, fachunabhängigen Weise. **Sportdidaktische Modelle** beziehen dagegen den spezifischen Fachgegenstand mit ein und modellieren den Sportunterricht in einer jeweils spezifischen Art. Während Planungsdidaktiken im Sport einen Überblick über die Strukturelemente des Sportunterrichts geben, können Auswertungsdidaktiken dazu beitragen, aus Fehlern in der (eigenen) Praxis zu lernen. Die Durchführungsdidaktik zeigt die Prozesshaftigkeit von Sportunterricht auf und sensibilisiert für die Notwendigkeit, sich darauf einzulassen. Ein kompetenzorientierter Zugang legt den Fokus auf den Output des Sportunterrichts und kann damit die Zielsetzung des Unterrichts differenzieren.

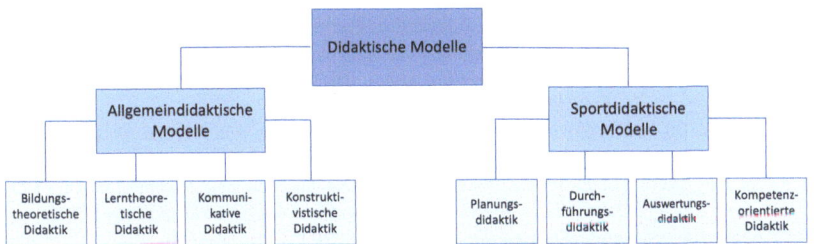

Abb. 4.9 Didaktische Modelle im Überblick. (Eigene Darstellung)

Reflexionsfragen
1. Welche Funktion haben fachdidaktische Modelle und Konzepte?
2. Wodurch unterscheiden sich Sportunterricht und Sportunterrichten?
3. Warum kann das Strukturmodell des Unterrichts nur zur Analyse allgemeiner Unterrichtsprozesse genutzt werden?
4. Was unterscheidet den didaktischen Stern vom didaktischen Dreieck?
5. Inwiefern lassen sich allgemeindidaktische Modelle in der Regel einer bestimmten wissenschaftstheoretischen Grundposition zuordnen?
6. Warum sind didaktische Modelle keine statischen Gebilde?
7. Wodurch unterscheiden sich die bildungstheoretische und die lerntheoretische Didaktik?
8. Inwieweit beziehen sich sportdidaktische Modelle auf allgemeindidaktische Modelle?
9. Wodurch unterschieden sich die Planungs- und die Auswertungsdidaktik im Sport?
10. Welchen Mehrwert hat eine Durchführungsdidaktik im Sport?

Literatur

Balz, E. (1992). Fachdidaktische Konzepte oder: Woran soll sich der Schulsport orientieren? *Sportpädagogik, 16*(2), 13–22.

Balz, E. (2021). Vier Felder des Sports – ein Modell für den Schulsport. *Sportunterricht, 70*, 57–63.

Cohn, R. (2000). *Von der Psychoanalyse zur themenzentrierten Interaktion. Von der Behandlung einzelner zu einer Pädagogik für alle* (14. Aufl.). Stuttgart: Klett-Cotta.

Funke-Wieneke, J. (Hrsg.). (1997). *Vermitteln zwischen Kind und Sache. Erläuterungen zur Sportpädagogik.* Seelze-Velber: Kallmeyer.

Gogoll, A. (2011). Auf dem Weg zu einem Kompetenzmodell für den Lernbereich „Bewegung, Spiel und Sport". In G. Stibbe (Hrsg.), *Standards, Kompetenzen und Lehrpläne* (Reihe Sport, 16, S. 18–30). Schorndorf: Hofmann.

Gogoll, A. (2013). Sport- und bewegungskulturelle Kompetenz – Zur Begründung und Modellierung eines Teils handlungsbezogener Bildung im Fach Sport. *Zeitschrift für sportpädagogische Forschung, 1*(2), 5–24.

Größing, S. (2007). *Einführung in die Sportdidaktik – Lehren und Lernen im Sportunterricht* (9., überarbeitete und erweiterte Aufl.). Wiebelsheim: Limpert.

Gudjons, H. (2003). Lebendig lehren und lernen – Die Themenzentrierte Interaktion (TZI) als Weg zum ganzheitlichen Unterricht. In H. Gudjons (Hrsg.), *Didaktik zum Anfassen – Lehrer/in-Persönlichkeit und lebendiger Unterricht* (S. 77–102). Bad Heilbrunn: Klinkhardt.

Hänsel, F., Baumgärtner, S. D., Kornmann, J. M., & Ennigkeit, F. (2022). *Sportpsychologie.* Berlin, Heidelberg: Springer.

Literatur

Haug, A. (2019). Schule als Sozialisationsinstanz. In G. Bovet & V. Huwendiek (Hrsg.), *Leitfaden Schulpraxis – Pädagogik und Psychologie für den Lehrberuf* (11. Aufl., S. 553-572). Berlin: Cornelsen.

Heimann, P., Otto, G., & Schulz, W. (1965). *Unterricht – Analyse und Planung.* Hannover: Schroedel.

Helsper, W., & Keuffer, J. (2010). Unterricht. In H.-H. Krüger & W. Helsper (Hrsg.), *Einführung in die Grundbegriffe und Grundfragen der Erziehungswissenschaft* (9. überarbeitete und aktualisierte Aufl., S. 91–102). Wiesbaden: VS.

Heymen, N., & Leue, W. (2014). *Planung von Sportunterricht* (8., unveränderte Aufl.). Hohengehren: Schneider.

Huwendiek, V. (2019). Didaktische Modelle. In G. Bovet & V. Huwendiek (Hrsg.), *Leitfaden Schulpraxis – Pädagogik und Psychologie für den Lehrberuf* (11. Aufl., S. 33–68). Berlin: Cornelsen.

Jank, W., & Meyer, H. (2020). *Didaktische Modelle* (14. Aufl.). Berlin: Cornelsen.

Klafki, W. (1957). *Das pädagogische Problem des Elementaren und die Theorie der kategorialen Bildung.* Weinheim: Beltz.

Klafki, W. (1995). „Schlüsselprobleme" als thematische Dimension eines zukunftsorientierten Konzepts von „Allgemeinbildung". In W. Münzinger & W. Klafki (Hrsg.), Schlüsselprobleme im Unterricht. *Die Deutsche Schule, 3* (Beiheft), 9–14.

Köppe, G. (2002). *Eine kleine (andere) Sportdidaktik aus Sportlehrersicht.* Hohengehren: Schneider.

Krieger, C. (2011). *Sportunterricht als Erziehungsgeschehen – zur Rekonstruktion sportunterrichtlicher Situationen aus Schüler- und Lehrersicht.* Köln: Strauß.

Krüger, M. (2020). *Einführung in die Geschichte der Leibeserziehung und des Sports – Teil 1: Von den Anfängen bis ins 18. Jahrhundert* (2., neu bearbeitete und aktualisierte Aufl.). Schorndorf: Hofmann.

Kurz, D., & Gogoll, A. (2010). Standards und Kompetenzen. In N. Fessler, A. Hummel & G. Stibbe (Hrsg.), *Handbuch Schulsport* (S. 227–244). Schorndorf: Hofmann.

Laging, R. (2000). Methoden im Sportunterricht. *Sportpädagogik, 24*(5), 2–9.

Messmer, R. (2013). *Fachdidaktik Sport.* Bern: Haupt UTB.

Neuber, N. (2004). Vom Wissen zum Können – oder: Brauchen wir eine „Durchführungsdidaktik"? In M. Schierz & P. Frei (Hrsg.), *Sportpädagogisches Wissen – Spezifik – Transfer – Transformation* (Schriften der Deutschen Vereinigung für Sportwissenschaft, 141, S. 178–184). Hamburg: Czwalina.

Neuber, N. (2020). *Fachdidaktische Konzepte Sport – Zielgruppen und Voraussetzungen* (Basiswissen Lernen im Sport). Wiesbaden: Springer VS. https://doi.org/10.1007/978-3-658-28464-0

Neuber, N. (2021). *Fachdidaktische Konzepte Sport II – Themenfelder und Perspektiven* (Basiswissen Lernen im Sport). Wiesbaden: Springer VS. https://doi.org/10.1007/978-3-658-30249-8

Pfitzner, M. (2018). *Lernaufgaben im kompetenzförderlichen Sportunterricht. Theoretische Grundlagen und empirische Befunde.* Springer VS.

Pfitzner, M. (2021). Sportdidaktik. In A. Güllich & M. Krüger (Hrsg.), *Sport in Kultur und Gesellschaft.* (S. 15–35). Berlin: Springer Spektrum.

Pfitzner, M., & Pürgstaller, E. (2022). Lehren, Lernen und Unterrichten im Sport – Sportdidaktik. In A. Güllich & M. Krüger (Hrsg.), *Sport – Das Lehrbuch für das Sportstudium* (S. 529–561). Berlin: Springer Spektrum. https://doi.org/10.1007/978-3-662-64695-3_14

Popp, W. (Hrsg.). (1976). *Kommunikative Didaktik*. Weinheim: Beltz.

Prohl, R. (2010). *Grundriss der Sportpädagogik* (3. Aufl.). Wiebelsheim: Limpert.

Prohl, R. (2022). Der Doppelauftrag des Erziehenden Sportunterrichts. In V. Scheid & R. Prohl (Hrsg.), *Sportdidaktik – Grundlagen, Vermittlungsformen, Bewegungsfelder* (3., durchgesehene und korrigierte Aufl., S. 64–84). Wiebelsheim: Limpert.

Reich, K. (1997). *Systemisch-konstruktivistische Pädagogik – Einführung in die Grundlagen einer interaktionistisch-konstruktivistischen Pädagogik* (2., durchgesehene Aufl.). Neuwied: Luchterhand.

Richartz, A., & Kohake, K. (2021). Zur (Fach-)Spezifität von Unterrichtsqualität im Fach Sport. *Unterrichtswissenschaft, 49*, 243–251.

Scherler, K. (2008). *Sportunterricht auswerten – Eine Unterrichtslehre* (2., überarbeitete Aufl.). Hamburg: Czwalina.

Scherler, K., & Schierz, M. (1993). *Sport unterrichten*. Schorndorf: Hofmann.

Schierz, M., & Thiele, J. (2002). Hermeneutische Kompetenz durch Fallarbeit. Überlegungen zum Stellenwert kasuistischer Forschung und Lehre an Beispielen antinomischen Handelns in sportpädagogischen Berufsfeldern. *Zeitschrift für Pädagogik, 48*(1), 30–47.

Söll, W. (1996). *Sportunterricht – Sport unterrichten. Ein Handbuch für Sportlehrer*. Schorndorf: Hofmann.

Terhart, E. (2019). *Didaktik – Eine Einführung*. Stuttgart: Reclam.

Terhart, E. (2021). *Didaktische Theorien und Modelle*. Hagen: Fernuniversität.

Thiele, J., & Schierz, M. (2011). Handlungsfähigkeit – revisited. Plädoyer zur Wiederaufnahme einer didaktischen Leitidee. *Spectrum der Sportwissenschaft, 23*(1), 52–75.

Treutlein, G. (1998). Veränderung der Bedeutung und Gestaltung der Beziehungsebene – Grundlage für einen zeitgemäßen Sportunterricht. *Sportunterricht, 47*, 436–443.

Weineck, J. (2019). *Optimales Training – Leistungsphysiologische Trainingslehre unter besonderer Berücksichtigung des Kinder- und Jugendtrainings* (17. Aufl.). Balingen: Spitta.

Wolters, P. (2015). *Fallarbeit in der Sportlehrerausbildung*. Aachen: Meyer & Meyer.

Wolters, P., Ehni, H., Kretschmer, J., Scherler, K., & Weichert, W. (2000). *Didaktik des Schulsports*. Schorndorf: Hofmann.

Fachdidaktische Konzepte 5

Zusammenfassung

Das Kapitel befasst sich mit fachdidaktischen Konzepten zum Sportunterricht. Ausgehend von Überlegungen zur Reichweite und Systematisierung sportdidaktischer Konzepte werden mit dem Sportartenkonzept, dem Konzept der Handlungsfähigkeit, dem Konzept der körperlich-sportlichen Grundlagenbildung sowie dem Konzept der Entpädagogisierung des Schulsports vier objektorientierte Konzepte vorgestellt. Mit dem Körpererfahrungskonzept, dem psychomotorischen Konzept, dem Konzept der ästhetischen Erziehung sowie dem sozial-ökologischen Ansatz werden ihnen vier subjektorientierte Konzepte gegenübergestellt. Abschließend werden die Konzepte im Sinne eines integrativen Ansatzes zusammengeführt. Ein Exkurs zur Handlungsfähigkeit im Sport ergänzt das Kapitel.

5.1 Einführung

Allgemeine und fachdidaktische **Modelle und Konzepte** sollen grundsätzliche Orientierungen für die theoretische und praktische Auseinandersetzung mit Lehr-Lern-Prozessen im Sport geben. Im Kern geht es dabei um das Verständnis von Unterricht im Allgemeinen und Sportunterricht im Besonderen. Allen sportdidaktischen Ansätzen gemeinsam ist die Überzeugung, dass Bewegungs-, Spiel- und Sportangebote für Kinder und Jugendliche pädagogisch inszeniert werden können. Entsprechend der Fachkultur beziehen sich die Überlegungen im Wesentlichen auf den **Sport in der Schule** (Neuber 2020, S. 137–158). Der Sport ist nach Deutsch und Mathematik das drittgrößte Unterrichtsfach. Dem

Schulsport kommen innerschulische und außerschulische Aufgaben zu. Im Sinne des Erziehenden Sportunterrichts lassen sich diese Aufgaben als fachimmanente *(Erziehung zum Sport)* und überfachliche Ziele *(Erziehung durch Sport)* begründen (Prohl 2022). Dabei können Erziehung und Bildung als zentrale Aufgaben pädagogischen Handelns im Rahmen des **Erziehenden Sportunterrichts** herausgestellt werden (siehe Abschn. 3.3.3).

Sportunterricht findet unter komplexen Voraussetzungen statt. Das paradoxe Spannungsverhältnis der drei **Funktionen von Schule** (Haug 2019) – Qualifikation, Selektion und Integration – wird im Sportunterricht um mindestens eine Ebene erweitert. Neben dem Grundwiderspruch zwischen Qualifikation und Selektion kommt der Widerspruch zwischen dem „Sport als subjektiver Sinnerfüllung", wie ihn viele Kinder und Jugendlichen außerhalb der Schule schätzen, und dem Sport als „schulischer Pflichtveranstaltung", der schulischen Curricula und Verpflichtungen unterliegt, hinzu. Prohl (2010, S. 100) nennt das die **doppelte Paradoxie des Sportunterrichts** (vgl. Abb. 5.1). Pädagogische Aufgaben und schulische Rahmenbedingungen machen es erforderlich, dass sich (angehende) Sportlehrkräfte orientieren und sich ihrer eigenen Position gewiss werden, um begründet handeln zu können. Die Fachdidaktik Sport bietet

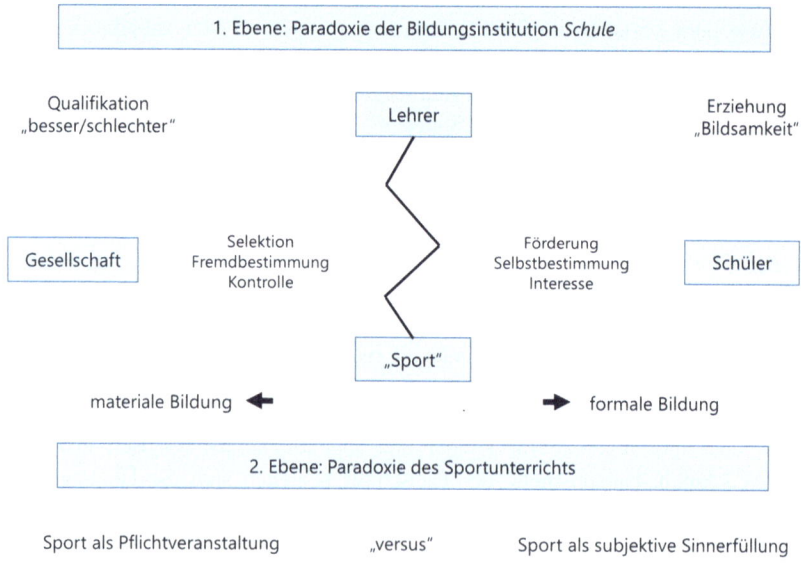

Abb. 5.1 Doppelte Paradoxie des Sportunterrichts. (Mod. nach Prohl 2010, S. 100)

dafür sportdidaktische **Modelle und Konzepte,** die in diesem sowie im vorherigen Kapitel vorgestellt werden. Einführung und Grundbegriffe sind in beiden Kapiteln dieselben (siehe Kap. 4). *Spezifische* fachdidaktische Konzepte *mittlerer* Reichweite werden an anderer Stelle vorgestellt (Neuber 2020, 2021).

5.2 Grundbegriffe

Zu den Grundbegriffen von didaktischen Modellen und Konzepten gehören zunächst „Unterricht" und „Unterrichten".

▶ **Unterricht** ist die gezielte Planung, Durchführung und Auswertung von Lehr-Lern-Prozessen in einem institutionellen Kontext.

Unterrichten ist die Tätigkeit von professionellen Lehrkräften, die „stärker als Erziehung, Hilfe oder auch Beratung an die Vermittlung eines Inhalts gebunden ist, den der Lehrende beherrscht und so vermitteln soll, dass er von Lernenden, die ihn noch nicht begreifen, gelernt werden kann" (Helsper und Keuffer 2010, S. 92). Die **Didaktik** ist die Wissenschaft von Unterricht und Unterrichten (vgl. Huwendick 2019). Diese Überlegungen lassen sich auf das Unterrichtsfach Sport beziehen.

▶ **Sportunterricht** ist dann die gezielte Planung, Durchführung und Auswertung von Lehr-Lern-Prozessen im Feld von Bewegung, Spiel und Sport in einem institutionellen Kontext.

Sportunterrichten ist die professionelle pädagogische Tätigkeit von Sportlehrkräften, die auf die Initiierung von Lehr-Lernprozessen im Feld von Bewegung, Spiel und Sport abzielt. **Sportdidaktik** ist die Wissenschaft von Sportunterricht und Sportunterrichten. Während „Unterricht" eher die Strukturen der Lehr-Lern-Tätigkeit fokussiert, bezieht sich „Unterrichten" auf den Prozess der Umsetzung (Scherler 2008, S. 13–17).

Die Grundstrukturen unterrichtlichen Handelns werden in didaktischen Modellen und Konzepten zusammengefasst. Ein konzeptioneller Ausgangsunkt ist das **didaktische Dreieck,** das die wechselseitigen Beziehungen zwischen „Lehrer", „Schüler" und „Sache" beschreibt (Huwendick 2019, S. 34). **Didaktische Modelle** sind dagegen komplexer. Sie können als allgemeine „Theoriegebäude zur Analyse und Modellierung didaktischen Handelns in schulischen und nichtschulischen Handlungszusammenhängen" verstanden werden (Jank und Meyer 2020, S. 35) (siehe Kap. 4). Im Vergleich dazu sind **didaktische Konzepte** stärker umsetzungsorientiert und bezeichnen „Gesamtorientierungen didaktisch-methodischen Handelns, in denen ein begründeter Zusammenhang von Ziel-, Inhalts- und Methodenentscheidungen hergestellt wird" (Jank und Meyer 2020, S. 305). Sie definieren grundlegende Prinzipien des Unterrichts und geben in der Regel auch konkrete Hinweise zur Gestaltung des Unterrichts. Die spezifischen Wechselwirkungen von Zielen, Inhalten und Methoden des Unterrichts werden als **Implikationszusammenhang** bezeichnet (Jank und Meyer 2020, S. 55).

5.3 Grundlagen

Die Unterscheidung didaktischer Modelle und Konzepte ist gradueller Art. Während didaktische Modelle eine allgemeine, eher grundsätzliche Orientierung im Hinblick auf den Unterricht bieten, sind didaktische Konzepte oder auch **Unterrichtskonzepte** stärker am unterrichtspraktischen Handeln orientiert. Sie liefern eine „Didaktik zum Anfassen" (Jank und Meyer 2020, S. 306). Insofern haben sie „häufig einen unterrichtsmethodischen Akzent, zumeist machen sie aber auch entschiedene Aussagen über sinnvolle und sinnlose Inhalte, über wichtige und nebensächliche Zielsetzungen, über ‚richtiges' und ‚falsches' Lehrerverhalten" (Jank und Meyer 2020, S. 305). Auf allgemeiner Ebene gibt es eine Vielzahl an **didaktischen Konzepten,** wie z. B. den Projektunterricht, den handlungsorientierten Unterricht, den offenen Unterricht, den erfahrungsorientierten Unterricht, den schülerorientierten Unterricht, das genetische Lehren und Lernen oder die Bildungsgangdidaktik (Jank und Meyer 2020, S. 304–314). Hinzu kommen Elemente der sogenannten **neuen Lernkultur,** wie die Individualisierung von Lernprozessen, der Erwerb von intelligentem und anwendungsbezogenem Wissen oder die Rolle der digitalen Medien (Terhart 2019, S. 61–65).

Während allgemeine didaktische Konzepte den Unterricht auf einer übergeordneten Ebene betrachten, fokussieren **fachdidaktische Konzepte** ein spezifisches unterrichtspraktisches Handlungsfeld, in der Regel ein Unterrichtsfach, z. B. den Sportunterricht. Sie dienen damit der „Regionalisierung der Bildung" (Jank und Meyer 2020, S. 38). Außerschulische Lernfelder sind prinzipiell ebenfalls relevant, wurden bislang aber weniger umfassend bearbeitet als schulische Lernfelder. Fachdidaktische Konzepte im Sport „sind theoretische Entwürfe von Sportdidaktikern" – so hat es Eckart Balz (1992, S. 13) einmal minimalistisch definiert. Etwas ausführlicher bestimmt er den Begriff an anderer Stelle:

5.3 Grundlagen

▶ **Sportdidaktische Konzepte** sind „Entwürfe einer pädagogischen Gestaltung des Schulsports [...]; sie antworten auf Fragen nach dem Auftrag des Schulsports, nach seinen leitenden Zielen, Inhalten und Methoden" (Balz 2013, S. 34). Dabei markieren sie unterscheidbare Positionen, die im Hinblick auf die Gestaltung des Schulsports eingenommen werden können.

Es gibt eine Vielzahl an fachdidaktischen Konzepten zum Sport mit unterschiedlicher Ausrichtung und Reichweite (vgl. Abb. 5.2). Sportdidaktische **Konzepte mit kleiner Reichweite** dienen als praxisnahe Unterrichtskonzepte mit handlungsleitenden Vorstellungen für Sportlehrkräfte, Fachkonferenzen und Schulen (vgl. Regner 2005). Sportdidaktische **Konzepte mit mittlerer Reichweite** gehen über die Ebene der Einzelschule hinaus, fokussieren jedoch nur Teilbereiche des didaktischen Handelns im Sport, etwa zur Arbeit mit spezifischen Zielgruppen, z. B. Kinder und Jugendliche, oder zur Förderung bestimmter Perspektiven, z. B. Ausdruck und Gestaltung oder Leistung und Erfolg. Diese Konzepte werden an anderer Stelle ausführlich vorgestellt (Neuber 2000, 2021). Auf inhaltlicher Ebene werden zudem **Didaktiken der Sportarten** bzw. Bewegungsfelder unterschieden, etwa zur Sportspieldidaktik oder zur Didaktik von Gymnastik/Tanz.

Konzepte mit kleiner Reichweite
(z.B. das Sportunterrichtskonzept für die Erprobungsstufe oder das Schulsportkonzept einer Einzelschule)

Konzepte mit mittlerer Reichweite
(z.B. zur Zielgruppe „Kinder" oder zur Perspektive „Das Leisten erfahren, verstehen und einschätzen")

Konzepte mit großer Reichweite
(z.B. das Sportartenkonzept oder das Körpererfahrungskonzept)

Abb. 5.2 Unterschiedliche Reichweiten fachdidaktischer Konzepte im Sport. (Eigene Abbildung)

(Pfitzner und Pürgstaller 2022, S. 537–540). Sportdidaktische **Konzepte mit großer Reichweite** beziehen sich dagegen auf den gesamten Sportunterricht und geben damit „der Schulsportpraxis und der Lehrplanentwicklung, den Sportlehrkräften – für ihr Selbstverständnis und ihre Ausbildung – sowie der Fachdidaktik selbst eine gewisse planungsdidaktische Orientierung" (Balz 2013, S. 34). Sportdidaktische Überblicksdarstellungen beziehen sich zumeist auf fachdidaktische Konzepte mit diesem umfassenden Geltungsanspruch (z. B. Balz 2013; Pfitzner 2021; Prohl 2022).

In diesem Sinne werden im Folgenden **sportdidaktische Konzepte** mit *großer* Reichweite vorgestellt, um grundsätzliche Orientierungen einer Fachdidaktik Sport aufzuzeigen. Dabei hat die Systematisierung anhand mehr oder weniger dichotomer Leitideen eine gewisse Tradition (z. B. Balz 1992; Neumann 2004; Elflein 2012; Balz 2013; Bräutigam 2015; Pfitzner 2021). Auch Köppe (2003) unterscheidet in Bezug auf sportdidaktische Konzepte zwei „Orientierungen": Die **objektbezogene Orientierung** setzt bei den Bewegungspraxen einer Gesellschaft an und umfasst traditionelle Bewegungsspiele, normierte Sportarten und Bewegungstrends. Die **subjektbezogene Orientierung** bezieht sich auf ein verändertes Verständnis von Leiblichkeit und Bewegung, das auf ein „selbständiges Aufspüren eigener Bewegungsbedeutungen, Findenlassen sozialer Formen des Spielens und Bewegens sowie Nachvollziehen von beobachteten Bewegungen" zielt (Köppe 2003, S. 68). Ähnlich argumentiert Prohl (2022), der in Bezug auf sportdidaktische Konzepte eine „pragmatisch-qualifikatorische Strömung" von einer „kritisch-emanzipatorischen Strömung" abgrenzt. Während er die erste Strömung materialen Bildungskonzepten und damit eher der Sache „Sport" zuordnet, bezieht er die zweite Strömung auf formale Bildungskonzepte und damit eher auf das Subjekt.

▶ **Literaturtipp** Scheid, V., & Prohl, R. (Hrsg.). (2022). *Sportdidaktik – Grundlagen, Vermittlungsformen, Bewegungsfelder* (3., durchgesehene und korrigierte Aufl.). Wiebelsheim: Limpert.
  Volker Scheid und Robert Prohl geben in ihrem Sammelband einen Überblick über Grundlagen und Bewegungsfelder der Sportdidaktik. Darin befinden sich Beiträge zu fachdidaktischen Strömungen und zum Erziehenden Sportunterricht.

Neben der Systematisierung anhand bestimmter Leitideen gibt es weitere Zugänge. So verabschiedet sich Schierz (1997) vor dem Hintergrund postmoderner Theorien von den „großen Entwürfen" und propagiert im Sinne einer **narrativen Didaktik** „kleine Geschichten" im Sportunterricht. Damit steht er in der Tradition auswertungsdidaktischer Modelle (siehe Abschn. 4.3.2). Zu diskutieren bleibt, wie aus der Vielzahl einzelner Unterrichtssituationen eine Gesamtorientierung entstehen kann. Auch Messmer (2013) versteht sein „Fachmodell Sport" auswertungsdidaktisch und entwickelt eine **Didaktik des Zeigens,** die den Sport als gesellschaftliche Praxis auffasst und die den Lernenden als „Vielfalt des Sports" vorzustellen sei (Messmer 2013, S. 32). Damit strukturiert er seine Didaktik nicht vorrangig entlang pädagogischer Leitideen, sondern entlang der „Sache Sport", z. B. in Form von konditionellen Fähigkeiten, motorischen, spieltaktischen oder ästhetischen Kompetenzen. Zu klären bleibt allerdings, was die gesellschaftliche Praxis des Sports genau ausmacht (vgl. Beckers 1993). Vor dem Hintergrund dieser offenen Fragen bezieht sich die folgende Auswahl fachdidaktischer Konzepte auf die beiden Aufgaben pädagogischen Handelns im Sport (siehe Kap. 1) und greift die Begrifflichkeiten von Köppe (2003) auf. In diesem Sinne werden ausgewählte **objekt- und subjektorientierte Konzepte** vorgestellt, um die eigene Position daran schärfen zu können. In einem abschließenden Überblick wird eine integrative Perspektive eingenommen, die die beiden Verständnisweisen verbindet.

5.3.1 Objektorientierte Konzepte

▶ **Objektorientierte Konzepte** der Sportdidaktik gehen von der gesellschaftlich-kulturellen Realität des Sports aus und zielen vorrangig auf die Erschließung der Bewegungs-, Spiel- und Sportkultur. Damit sind sie eher sport(art)orientiert und methodisch geschlossen ausgerichtet (vgl. Tab. 5.1).

Zu den Klassikern objektorientierter Ansätze gehört das **Sportartenkonzept** von Wolfgang Söll (1995, 2000). Die Grundidee besteht darin, dass die Sachstruktur des traditionellen Sports so prägend ist, dass sich der Sportunterricht daran zu orientieren habe. Das bedeutet, dass die Sportarten „nicht austauschbar sind, dass sie gemäß ihrer eigenen Struktur des von ihnen ausgehenden eigenen Anspruchs unterrichtet werden müssen" (Söll 1995, S. 65). Die Leitidee des Sportartenkonzepts besteht dementsprechend in der **Erschließung der (außerschulischen) Sportkultur,** die sich in traditionellen Individual- und Mannschaftssportarten sowie in Gymnastik/Tanz äußert (vgl. Abb. 5.3). Ein weitergehendes pädagogisches Interesse besteht nicht, da „die Sportarten wesentliche Bedeutungsträger des Sports sind und die entscheidenden didaktischen Ansätze" bereits in sich tragen (Söll 1995, S. 65). Ausgehend von der Sachstruktur dieses **Sports im engeren Sinne** ist der Vermittlungsansatz geschlossen-

Tab. 5.1 Objektorientierte fachdidaktische Konzepte im Überblick

	Sportartenkonzept	Konzept der Handlungsfähigkeit	Konzept der Körperlich-sportlichen Grundlagenbildung	Konzept der Entpädagogisierung
Vertreter	Wolfgang Söll	Dietrich Kurz	Albrecht Hummel	Meinhart Volkamer
Leitidee	Erschließung der Sportkultur	Handlungsfähigkeit im Sport	Motorische Leistungsfähigkeit und sportliches Können	Abgrenzung von übermäßiger Pädagogisierung und Verzweckung des Sports
Sachbezug	Sport im engeren Sinn: traditionelle Sportarten	Sport im weiteren Sinn: Sportarten und Bewegungstrends	Körperliche Fähigkeiten und Sportarten	„Eigentlicher", unverstellter Sport
Vermittlungsbezug	Geschlossen-deduktiv	Geschlossen-deduktiv; Sinnperspektiven	Geschlossen-deduktiv; Wertschätzung von Üben, Trainieren und Belasten	Offen-deduktiv; ohne Vorgaben

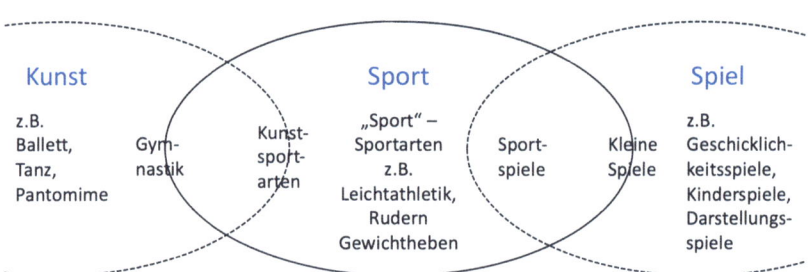

Abb. 5.3 Inhaltsbereiche des Sportartenkonzepts. (Mod. nach Söll 2005, S. 37)

deduktiv; Lernen geschieht vornehmlich durch Instruktion und Korrektur. Der Ansatz ist bis heute für viele praktische Angebote in Sportvereinen, Schulen und Hochschulen prägend, auch wenn er vermutlich selten in Reinform auftritt.

Auch das **Konzept der Handlungsfähigkeit** von Dietrich Kurz (1990; 1995) geht von der Sachstruktur des Sports aus, erweitert die Überlegungen von Söll jedoch substanziell, indem es auf eine umfassende Handlungsfähigkeit im (außerschulischen) Sport abzielt. Ausgehend von motivationspsychologischen Überlegungen werden mit Leistung, Spannung, Miteinander, Gesundheit, Eindruck und Ausdruck sechs „Sinnperspektiven" eingeführt, mit denen die Sporttreibenden ihrer Aktivität eine Richtung geben. In einer späteren Auslegung werden aus den Sinnperspektiven **pädagogische Perspektiven,** die von Lehrkräften in erzieherischer Absicht auf den Sport „gelegt" werden und damit eine bestimmte Lesart des Sports vorgeben (Kurz 2013, S. 21). Diese pragmatische Fachdidaktik greift ebenfalls auf Sportarten zurück, ist aber prinzipiell offen für Erweiterungen des Sportartenkanons, etwa im Sinne von Bewegungstrends („Sport im weiteren Sinne"). Das methodische Vorgehen ist tendenziell geschlossen-deduktiv, bietet aber Möglichkeiten für eigenverantwortliches Handeln im Sinne subjektiver **Sinnzuschreibungen.** Nachdem die Idee der Handlungsfähigkeit mit der Einführung des Doppelauftrags zunächst als überholt galt (MSWWF NRW, 1999), erfährt sie seit einigen Jahren eine gewisse Renaissance.

Handlungsfähigkeit im Sport

Die Idee der Handlungsfähigkeit im Sport prägt die fachdidaktische Diskussion seit vielen Jahren. Nach der Theorie der Leibeserziehung und dem Sportcurriculum (siehe Abschn. 4.3.2) wurde das Konzept der Handlungsfähigkeit in den 1980-er Jahren zur dritten großen **Leitidee des Schulsports** in Deutschland. Ausgangspunkt der Handlungsfähigkeit waren zwei grundlegende Schriften, die beide 1977 veröffentlicht wurden: Horst Ehni (1977) stellt in seinem Buch *Sport und Schulsport* die Frage nach dem Sinn des Sports, der seiner Ansicht nach im Handeln und Erleben der Schülerinnen und Schüler entstehe (Ehni 2000, S. 29). Mehrperspektivität bedeutet für ihn, „durch mehrere und verschiedene Handlungen die Sache Sport mit ihrem subjektiven und intersubjektiven Sinn zu machen" (Ehni 2000, S. 32). Damit geht der Ansatz von einem sportimmanenten Zweck des Sports aus. Entsprechend bedeutet **Handlungsfähigkeit im Sport** „ganz einfach die Fähigkeit zum Handeln" im Sport (Ehni 2000, S. 32). Horst Ehni entwickelt damit eine Didaktik des Zeigens, die später u. a. von Messmer (2013) in seinem Fachmodell Sport aufgegriffen wird. Insgesamt konnte sich dieses Verständnis von Handlungsfähigkeit aber nicht in größerem Umfang durchsetzen.

Anders erging es dem zweiten Ansatz, der 1977 veröffentlicht wurde. Die *Elemente des Schulsports* von Dietrich Kurz haben die fachdidaktische Diskussion maßgeblich geprägt und wurden auch zum Modell für die 1980-er Richtlinien und Lehrpläne (Aschebrock 2013). Kurz geht ebenfalls von der Sache Sport aus, wenn er fragt: „Welche Erfahrungen sollen Schüler [im] Sport machen, was sollen sie an und in ihm lernen, in welcher Weise soll ihre Entwicklung durch ihn beeinflusst werden?" (Kurz 1977, S. 9). Im Gegensatz zu Ehni greift er empirische Studien aus den 1970-er Jahren auf, die den Sinn des Sports in sechs **Sinnperspektiven** beschreiben. Mehrperspektivität lässt sich entsprechend in diesen sechs Sinnperspektiven bzw. pädagogischen Perspektiven zusammenfassen. **Handlungsfähigkeit im Sport** bedeutet dann, diese Motive bzw. Perspektiven im Rahmen des Sportunterrichts kennenzulernen und außerhalb des Unterrichts anwenden zu können (Kurz 2013). Die Leitidee der Handlungsfähigkeit wurde Ende der 1990-er Jahre von der Idee des Erziehenden Sportunterrichts abgelöst.

Dennoch gibt es Bestrebungen, die Handlungsfähigkeit als sportdidaktisches Kernkonzept wieder zu stärken. So verweisen Balz und Neumann im Rahmen ihrer Arbeiten zu einer **pragmatischen Fachdidaktik** immer wieder auf die Idee der Handlungsfähigkeit (z. B. Balz und Neumann 2021). Auch im integrativen Ansatz des intermediären Konzepts ist Handlungsfähigkeit die Leitidee (siehe Abschn. 5.4). Darüber hinaus sprechen sich Thiele und Schierz (2011) für eine Wiederaufnahme der Idee der Handlungsfähigkeit aus, indem sie sie um eine ungleichheitstheoretische Perspektive erweitern. Dazu greifen sie den „Capabilities-Ansatz" aus der Erziehungswissenschaft auf, in dessen Zentrum „die Frage nach den Bedingungen der Möglichkeit zur Führung eines guten bzw. gelingenden Lebens für möglichst viele, im Idealfall alle Menschen" steht (Thiele und Schierz 2011, S. 55). Handlungsfähigkeit meint dann **Handlungsbefähigung** auch unter ungünstigen Rahmenbedingungen. In Bezug auf den Schulsport bedeutet das: „Sportunterricht hat sich nicht auf bloße Könnens- und Wissensvermittlung in der Abarbeitung sportlicher Inhalte zu beschränken, sondern wird konzeptionell daraufhin transformiert, Partizipations- und Urteilsmöglichkeiten vorzubereiten, die über die Pluralisierung von Erfahrungsformen, Kritik und Reflexionsweisen vermittelt sind" (Thiele und Schierz 2011, S. 71). So betrachtet bietet die sportdidaktische Idee der Handlungsfähigkeit noch einiges Potenzial.

5.3 Grundlagen

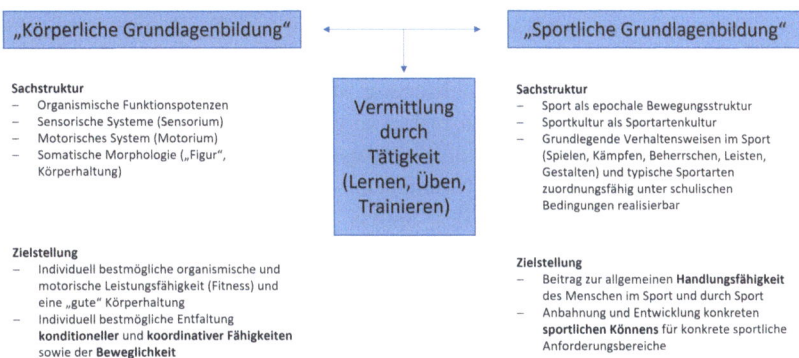

Abb. 5.4 Grunddimensionen der körperlich-sportlichen Grundlagenbildung. (Mod. nach Hummel 2013, S. 114)

▶ **Literaturtipp** Kurz, D. (1977). *Elemente des Schulsports – Grundlagen einer pragmatischen Fachdidaktik.* Schorndorf: Hofmann.

Die Habilitationsschrift von Dietrich Kurz gehört zu den Klassikern der Sportdidaktik. Darin begründet er sein Konzept der Handlungsfähigkeit, das bis heute Einfluss auf die fachdidaktische Diskussion hat.

Das Konzept der **körperlich-sportlichen Grundlagenbildung** geht auf Albrecht Hummel (1997) zurück. Es hat seine Wurzeln in der „körperlichen Grund*aus*bildung" der Pädagogik der DDR, deren Hauptaufgabe die Entwicklung der körperlichen Leistungsfähigkeit war (Hummel 1994). Nach der Wende wurde das Konzept im Sinne der zweifachen *Bildung* körperlicher und sportlicher Grundlagen weiterentwickelt. Ausgangspunkte des Ansatzes liegen in der **Sachstruktur des Körpers** sowie der **Sache Sport** (vgl. Abb. 5.4). Entsprechend sind die Ziele eine „bestmögliche organismische und motorische Leistungsfähigkeit (Fitness) und eine ‚gute' Körperhaltung" sowie die „bestmögliche Entfaltung konditioneller und koordinativer Fähigkeiten" (Hummel 2013, S. 114). Hinzu kommt ein Beitrag zur allgemeinen Handlungsfähigkeit des Menschen im Sport sowie die Entwicklung sportlichen Könnens. Methodisch greift das Konzept auf geschlossen-deduktive Inszenierungen zurück, die durch eine hohe **„Wertschätzung des Übens, Trainierens und Belastens"** gekennzeichnet sind

(Hummel 2013, S. 115). Insgesamt besteht damit eine große Nähe zum (westdeutschen) Sportartenkonzept von Söll (1995), wobei die Bezüge zu trainingswissenschaftlichen Grundlagen noch stärker ausgeprägt sind. Es verwundert daher nicht, dass aus sportpädagogischer Perspektive z. T. massive Kritik am zugrunde liegenden Bildungsbegriff des Ansatzes geübt wurde (Beckers 2001).

Das Konzept der **Entpädagogisierung des Schulsports** von Meinhart Volkamer (1987) liegt quer zu den bisher vorgestellten Konzepten. Der Ansatz richtet sich gegen eine übermäßige Pädagogisierung des Sportunterrichts. Pädagogische Zielsetzungen, wie Gesundheits- und Sozialerziehung, bedeuteten eine unzulässige **Verzweckung des Sports** (Volkamer 1987, S. 154). Entsprechend wird der Sachbezug in einer „Rückbesinnung auf das eigentliche, unverstellte Wesen des Sports [gesehen]. Sport wird als freiwilliges, folgenloses, körperbetontes Handlungsgeschehen begriffen" (Balz 1992, S. 16) – der Sport soll „einfach nur Spaß machen". Entsprechend allgemein ist das methodische Konzept: „Eine gute Methode ist dann und nur dann sinnvoll, wenn der Schüler die angebotene Bewegung lernen möchte, sie als sinnvoll erlebt" (Volkamer und Zimmer 1984, S. 229). Insgesamt wendet sich das Konzepte damit gegen eine **pädagogische Inszenierung des Sports** in der Schule – was in aller Regel jedoch dazu führt, dass Schülerinnen und Schüler den Sport fordern, den sie aus außerschulischen Szenen kennen. Damit ist Ansatz der Entpädagogisierung letztlich stark objektorientiert, weil er die Sache des (außerschulischen) Sports in den Mittelpunkt rückt.

5.3.2 Subjektorientiere Konzepte

▶ **Subjektorientierte Konzepte** der Sportdidaktik gehen von den individuellen Möglichkeiten und Wünschen des Einzelnen aus und zielen auf die Förderung des Subjekts. Damit sind sie eher bewegungsorientiert und methodisch offen ausgerichtet (vgl. Tab. 5.2)

Zu den Klassikern subjektorientierter Konzepte gehört das **Körpererfahrungskonzept** von Jürgen Funke-Wieneke (1992, 2009). Es kann als Gegenbewegung zu traditionellen „Anleitungs-, Lehr- und Trainingsverfahren" verstanden werden (Funke-Wieneke 2009, S. 319). Oft wurde es auch als Gegenpol zum Sportartenkonzept von Söll (2000) bezeichnet. Die Leitidee des Körpererfahrungskonzepts zielt auf die **Wahrnehmung des eigenen Körpers,** auch in Abgrenzung zu standardisierten Körperpraktiken im normierten Leistungssport. Das bedeutet nicht, dass traditionelle Sportarten ausgeschlossen werden; tatsächlich wurde

5.3 Grundlagen

Tab. 5.2 Subjektorientierte fachdidaktische Konzepte im Überblick

	Körpererfahrungskonzept	Psychomotorisches Konzept	Konzept der Ästhetischen Erziehung	Sozial-ökologisches Konzept
Vertreter	Jürgen Funke-Wienke	Renate Zimmer	Ursula Fritsch	Knut Dietrich
Leitidee	Wahrnehmung des eigenen Körpers; Hinterfragen von Sportartenmustern	Entwicklungsförderung durch Wahrnehmung und Bewegung	Welterfahrung durch Wahrnehmung und Gestaltung	Entwicklungsförderung und Erschließung der Bewegungskultur
Sachbezug	Grundthemen des Sich-Bewegens: instrumentell, sensibel, sozial, symbolisch	Bewegung und Spiel	Offene Bewegungsangebote, Spiel und Tanz	Alltägliche Bewegungs- und Spielmöglichkeiten
Vermittlungsbezug	Offen-induktiv; „Selbsterziehung"; Differenzbildung	Offen-induktiv; Hilfe zur Selbsthilfe	Teiloffen-induktiv; Widerständigkeit und Fremdheit als Prinzipien	Offen-induktiv; Inszenierung von Rahmenbedingungen

das Konzept umfangreich auf bekannte Sportarten bezogen (Treutlein et al. 1992). Es bedient sich aber auch zahlreicher Körpererfahrungspraktiken von New Games und Modern Dance über Tai-Chi und Yoga bis hin zum Saunabaden. Das emanzipatorische Anliegen im Sinne einer **„Selbsterziehung",** das darin liegt, traditionelle Sportartenmuster zu durchbrechen und gesellschaftliche (Bewegungs-)Praktiken kritisch zu hinterfragen, ist nicht von der Hand zu weisen (Funke-Wienke 2009, S. 318). Sogenannte **Grundthemen des Sich-Bewegens** können dabei instrumentell, sensibel, sozial und symbolisch ausgelegt werden (vgl. Abb. 5.5). Methodisch arbeitet das Körpererfahrungskonzept tendenziell induktiv-offen, nutzt aber auch gezielte Differenzbildungen (Kolb 1994). Das Körpererfahrungskonzept hat in seiner Geschichte oft polarisiert – unstrittig ist jedoch, dass es zur Weiterentwicklung der Sportdidaktik beigetragen hat (Neuber 2021, S. 31–50).

Das **psychomotorische Konzept** von Renate Zimmer (2003, 2019) geht von einer Verschränkung psychischer und physischer Prozesse aus. Bewegungshandeln wird als Entwicklungshandeln verstanden (Fischer 2019). Wesentliche

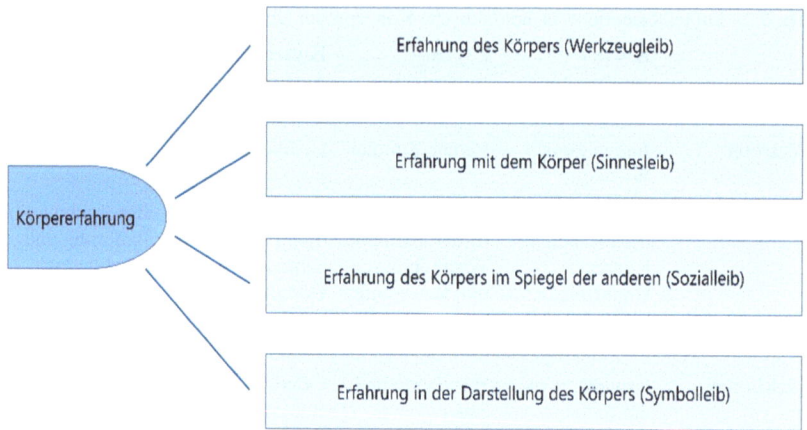

Abb. 5.5 Dimensionen der Leiblichkeit/Grundthemen des Sich-Bewegens. (Mod. nach Funke-Wieneke 2009, S. 318)

Bezugspunkte einer psychomotorischen Entwicklungsförderung sind **Wahrnehmung und Bewegung**. Die Leitidee der Psychomotorik ist die Entwicklung einer harmonischen Persönlichkeit durch Bewegung und Spiel (Zimmer 2019). Das bedeutet, dass die Sache Sport in den Hintergrund tritt: „Hier geht es vielmehr um das *Kind,* das über Bewegung Gelegenheit erhält, sich selbst zu erproben, seinen Körper zu erfahren, seine Fähigkeiten zu erkennen und weiterzuentwickeln" (Zimmer 1996, S. 75). Dafür arbeitet die Psychomotorik sowohl mit offenen Bewegungslandschaften als auch mit angeleiteten Bewegungsangeboten, die auf die Selbsttätigkeit der Kinder setzen. In methodischer Hinsicht wird eine offen-induktive Arbeitsweise verfolgt, die im Sinne einer **Hilfe zur Selbsthilfe** verstanden wird. Das psychomotorische Konzept wurde insbesondere für Kinder im Vor- und Grundschulalter entwickelt, psychomotorische Ansätze gibt es heute jedoch für alle Altersphasen bis ins hohe Lebensalter (Köckenberger 2003). Im Schulsport kommt es aber im Wesentlichen in der Primarstufe zum Einsatz.

Das Konzept der **ästhetischen Erziehung** von Ursula Fritsch (2007) geht von subjektiven Erfahrungen in einem komplexen Weltgeschehen aus. Das Ziel einer ästhetischen Bewegungserziehung ist das Vergegenwärtigen der Welt, das „Übersetzen" von Wahrnehmungen und Erfahrungen in eigene Gestaltungen. Der Mensch kann das, „was er erlebt hat, was ihm widerfahren ist, was er empfindet und fühlt, durch z. B. Bilder, Klänge, Bewegungen, poetische Sprache zum Ausdruck bringen; er kann es sich und anderen symbolisch präsent machen"

(Fritsch 1989, S. 11). Im Gegensatz zur diskursiven, begrifflichen Auseinandersetzung bietet ästhetisch-symbolisches Handeln die Möglichkeit, auch „Unsagbares" zu artikulieren. Dabei stehen die Begriffe **Wahrnehmung** und **Gestaltung** im Mittelpunkt. Inhaltlich können grundsätzlich alle Bewegungs-, Spiel- und Sportangebote genutzt werden. In der Grundschule kommen vor allem offene Bewegungs- und Spielformen zum Einsatz (Bannmüller 2000), während in der weiterführenden Schule Elemente aus Gymnastik/Tanz im Vordergrund stehen (Fritsch 2007). Methodisch setzt die ästhetische Erziehung bei der Wahrnehmung des individuell Neuen, des „für mich Außer- und Un-Gewöhnlichen, des Widersprechenden" an (Beckers 1997, S. 21). Dazu soll mit Prinzipien der **Widerständigkeit und Fremdheit** Unordnung in die gewohnte Wahrnehmungswelt gebracht werden, um gängige Wahrnehmungsmuster zu durchbrechen (Klinge, 2009).

Der **sozial-ökologische Ansatz** setzt beim Wandel der Lebenswelten von Kindern und Jugendlichen an und betont die Gestaltung bewegungsfreundlicher Räume (Dietrich und Landau 1999). Weil Kinder „keine kindgemäßen physischen Umgebungsbedingungen in ihrer Lebenswelt antreffen", ist der „Bewegungslehrer faktisch gezwungen […], kindgemäße Bewegungsanlässe quasi künstlich wieder zu schaffen" (Hildebrandt 1993, S. 269). Gleiches gilt für juvenile Bewegungskulturen (Wopp 2007). Im Mittelpunkt dieses Ansatzes stehen die Begriffe **Bewegung** und **Raum** (Dietrich 1998). Das Ziel sozial-ökologischer Konzepte ist eine Entwicklungsförderung durch Bewegung, zugleich aber auch das Ermöglichen einer Teilnahme am kulturellen Bewegungsleben. Es geht darum, „die Bedeutung der Bewegung für die kindliche Entwicklung zu beachten sowie Kinder zu befähigen, an ihrer gegenwärtigen und zukünftigen Bewegungskultur kompetent und verantwortungsvoll teilzunehmen" (Kretschmer 1997, S. 169). Unterrichtsthemen ergeben sich aus dem Bezug zur personalen, sozialen und materialen Umwelt. Methodisch orientieren sich sozial-ökologische Ansätze an **erfahrungsoffenen Lernsituationen,** z. B. in Form von Bewegungslandschaften, die differenziert zu betreuen sind. In den 1990-er Jahren erlebten sozial-ökologische Ansätze eine Hochzeit. In Zeiten von Ganztagsschulen kommt dem Raumthema heute wieder größere Bedeutung zu (Derecik 2018).

5.4 Fachdidaktische Konzepte im Überblick

Fachdidaktische Konzepte beziehen sich auf den Gesamtprozess des Planens, Durchführens und Auswertens von Unterricht einschließlich der Voraussetzungs- und Entscheidungsebene. Im Gegensatz zu didaktischen Modellen fokussieren fachdidaktische Konzepte das unterrichtspraktische Handlungsfeld, wobei sie sich auf eine einzelne Schule *(kleine Reichweite),* auf ein bestimmtes Thema *(mittlere Reichweite)* oder den Sportunterricht insgesamt *(große Reichweite)* beziehen können. Fachdidaktische **Konzepte großer Reichweite** machen ausgehend von der jeweiligen Auslegung des schulsportlichen Auftrags konkrete Hinweise zu unterrichtlichen Leidideen, zum Verständnis des Fachgegenstands sowie zur Methodik. In Anlehnung an die zwei Aufgaben pädagogischen Handelns im Sport (siehe Kap. 1) können sie in objektorientierte und subjektorientierte Konzepte unterteilt werden. Im ersten Fall steht die Vermittlung der Sache „Sport" im Vordergrund *(materiales Bildungskonzept),* im zweiten Fall die Entwicklung des Individuums *(formales Bildungskonzept).*

Folgt man dieser Systematisierungslogik, können fachdidaktische Konzepte, wie das Sportartenkonzept (Söll 2005), das Konzept der Handlungsfähigkeit (Kurz 1995), das Konzept der körperlich-sportlichen Grundlagenbildung (Hummel 1997) sowie das Konzept der Entpädagogisierung des Schulsports (Volkamer 1987), den **objektorientierten Konzepten** zugeordnet werden. Darunter werden Konzepte zusammengefasst, „die den Begriff *Sport*unterricht wörtlich nehmen und die didaktische Begründung des Fachs hauptsächlich aus dem gesellschaftlichen Phänomen des Sports und dessen Sachstruktur herleiten" (Prohl 2022, S. 53). Diese Konzepte argumentieren überwiegend sport(art) orientiert und sind methodisch eher geschlossen. Fachdidaktische Konzepte, wie das Konzept der Körpererfahrung (Funke-Wieneke 2009), das Konzept der Psychomotorik (Zimmer 2019), die ästhetische Bewegungserziehung (Fritsch 2007) oder der sozial-ökologische Ansatz (Dietrich und Landau 1999), können den **subjektorientierten Konzepten** zugerechnet werden. Diese Ansätze stellen eher das Subjekt und die pädagogische Legitimation des Sports in den Mittelpunkt, was bedeutet, dass „der Sport kritisch hinsichtlich seiner erzieherischen Potenziale befragt" wird (Prohl 2022, S. 54). Entsprechend sind diese Konzepte eher bewegungsorientiert und methodisch offen angelegt (vgl. Abb. 5.6).

In der schulischen Praxis dürften objekt- und subjektorientiere Zugänge gleichermaßen relevant sein. Insofern liegt es nahe, die beiden Strömungen in einem integrativen Konzept zu verbinden. Einen Vorschlag dazu hat Eckart Balz (2013) mit dem **intermediären Konzept** vorgelegt (vgl. Tab. 5.3). Darin stellt er ein „konservatives Konzept", das auf sportmotorisches Können abzielt, einem „alternativen" Konzept, das auf die Entwicklung der Bewegungsidentität gerichtet ist, gegenüber. Das verbindende „intermediäre Konzept" orientiert sich an der Leitidee der Handlungsfähigkeit. Dabei nehme diese Idee „nicht bloß eine ‚mittlere Position' ein, sie stellt keinen Kompromiss und keine Mixtur dar, sondern sie ist – wie das Wort ‚intermediär' sagt – ein dazwischenliegendes

5.4 Fachdidaktische Konzepte im Überblick

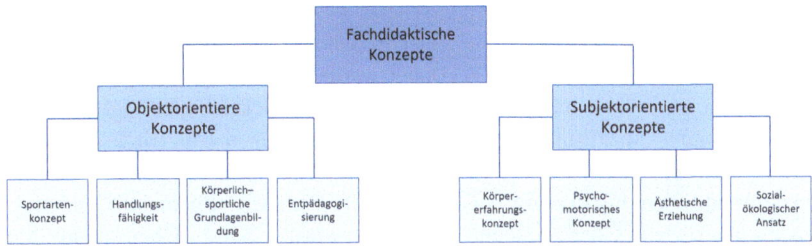

Abb. 5.6 Fachdidaktische Konzepte im Überblick. (Eigene Darstellung)

Tab. 5.3 Intermediäres Konzept als verbindendes Konzept. (Mod. nach Balz 2013, S. 38)

Konzept / Charakteristika	Konservatives Konzept	Intermediäres Konzept	Alternatives Konzept
Grundausrichtung	„Fachdidaktik reduzierter Ansprüche"	Pragmatische Fachdidaktik	Emanzipatorische Fachdidaktik
Leitidee	Sportliches Können	Handlungsfähigkeit	Bewegungsvermögen
Bildungsfigur	Materiale Bildung	Kategoriale Bildung	Formale Bildung
Erziehungsanspruch	Erziehung zum Sport	Erziehung im Sport	Erziehung durch Bewegung
Zielebene	Motorische Fähigkeiten und Fertigkeiten	Pädagogische Perspektiven	Bewegungserfahrungen/ Bewegungsentwicklung
Inhaltsebene	Sportarten	Sport im weiteren Sinne	Bewegung
Methodenebene	Lehrerzentriert	(mehr-)perspektivisch	Offen
Funktion	affirmativ	komplementär	korrektiv
Unterrichtsbeispiel	Übungsreihe zum Handstützüberschlag	Unterrichtsvorhaben zum Wagnis „Sich-Überschlagen"	Bewegungsvorhaben zur Überschlagerfahrung

eigenständiges Konzept, das vermeintliche Widersprüche zwischen Sport und Individuum auch zu *überbrücken* vermag" (Balz 2013, S. 37). Letztlich verbindet Balz damit materiale und formale Bildungskonzepte im Sinne einer **kategorialen Bildung** (siehe Abschn. 4.3.1) und verknüpft die „Erziehung zum Sport" und die „Erziehung durch Sport" im Sinne einer „Erziehung im Sport" (Balz 2013, S. 38).

Das intermediäre Konzept weist deutliche Parallelen zum Konzept eines **Erziehenden Sportunterrichts** auf. Insofern stellt es tatsächlich eine Brücke zwischen sport- und bewegungsorientierten Konzepten dar. Es bleibt allerdings zu diskutieren, inwieweit ein explizit pragmatischer Ansatz dem formulierten bildungstheoretischen Anspruch gerecht werden kann (vgl. Beckers 2001).

Jenseits begrifflicher Diskussionen erscheint es sinnvoll, objekt- und subjektorientierte Zugangsweisen im Sinne einer Erziehung zum Sport und durch Sport zu verbinden (siehe Abschn. 3.3.3). Dabei werden sowohl normierte Sportarten als auch subjektiv bedeutsame Bewegungsanlässe berücksichtigt. Zugleich kann auf das gesamte Spektrum von geschlossenen bis offenen Unterrichtsmethoden zurückgegriffen werden (siehe Abschn. 6.4). Ähnlich umfassend ist das Konzept der **Individuellen Förderung** angelegt, das im Rahmen allgemeiner bildungswissenschaftlicher Überlegungen entwickelt wurde. Seine Übertragung auf den Sportunterricht ist daher in besonderer Weise anschlussfähig an die schulpädagogische Argumentation (siehe Kap. 7).

Reflexionsfragen
1. Welche Funktion haben fachdidaktische Modelle und Konzepte?
2. Wodurch unterscheiden sich Sportunterricht und Sportunterrichten?
3. Inwiefern verfolgen sportdidaktische Konzepte mit unterschiedlichen Reichweiten unterschiedliche Zielsetzungen?
4. Woran orientieren sich die Systematisierungen sportdidaktischer Konzepte zumeist?
5. Inwieweit bildet das intermediäre Konzept eine Brücke zwischen objekt- und subjektorientierten Konzepten?
6. Warum folgen objektorientierte Konzepte zumeist einem deduktivgeschlossenen methodischen Ansatz?
7. Wodurch unterscheiden sich das Sportartenkonzept und das Konzept der Handlungsfähigkeit im Sport?
8. Warum orientieren sich subjektorientierte Konzepte eher an der menschlichen Bewegung als am normierten Sport?
9. Wodurch unterscheiden sich das Körpererfahrungskonzept und das Konzept der ästhetischen Erziehung?
10. Inwiefern ist das Konzept des Erziehenden Sportunterrichts ein integratives sportdidaktisches Konzept?

Literatur

Aschebrock, H. (2013). Vom Sportartenprogramm zur Kompetenzorientierung – zum Wandel curricularer Leitideen. In H. Aschebrock & G. Stibbe (Hrsg.), *Didaktische Konzepte für den Schulsport* (S. 53–78). Aachen: Meyer & Meyer.
Balz, E. (1992). Fachdidaktische Konzepte oder: Woran soll sich der Schulsport orientieren? *Sportpädagogik, 16*(2), 13–22.

Balz, E. (2013). Fachdidaktische Konzepte. In P. Neumann, & E. Balz (Hrsg.), *Sportdidaktik – Pragmatische Fachdidaktik für die Sekundarstufe I und II* (S. 34–42). Berlin: Cornelsen.

Balz, E., & Neumann, P. (2021). *Mehrperspektivischer Sportunterricht – Evaluation und Innovation*. Schorndorf: Hofmann.

Bannmüller, E. (2000). Der Zusammenhang von Wahrnehmung und Bewegung – Eine Grundlage für eine elementare Bewegungserziehung in der Grundschule. In G. Köppe & P. Elflein (Hrsg.), *Didaktische Perspektivenvielfalt bei Bewegung, Spiel und Sport in der Grundschule* (S. 15–22). Hamburg: Czwalina.

Beckers, E. (1993). Der Instrumentalisierungs-Vorwurf: Ende des Nachdenkens oder Alibi für die eigene Position? *Sportwissenschaft, 23,* 233–258.

Beckers, E. (1997). Über das Bildungspotential des Sportunterrichts. In E. Balz & P. Neumann (Hrsg.), *Wie pädagogisch soll der Schulsport sein?* (S. 15–32). Schorndorf: Hofmann.

Beckers, E. (2001). Renaissance des Bildungsbegriffs in der Sportpädagogik? – Orientierungssuche zwischen Widerstand und Aushöhlung. In R. Prohl (Hrsg.), *Bildung und Bewegung* (Schriften der Deutschen Vereinigung für Sportwissenschaft, 120, S. 29–42). Hamburg: Czwalina.

Bräutigam, M. (2015). *Sportdidaktik – Ein Lehrbuch in 12 Lektionen* (5. Aufl.). Aachen: Meyer & Meyer.

Derecik, A. (2018). Übergeordnete Prinzipien zur Gestaltung von Freiräumen auf Schulhöfen und im Schulgelände. In K. Althoff & U. Gebken (Hrsg.), *Bewegung, Spiel und Sport für alle* (S. 106–113). Hildesheim: Arete.

Dietrich, K. (1998). Spielräume zum Aufwachsen. *Sportpädagogik, 22*(6), 14–25.

Dietrich, K., & Landau, G. (1999). *Sportpädagogik – Grundlagen, Positionen, Tendenzen*. Butzbach-Griedel: Afra.

Ehni, H. (1977). *Sport und Schulsport – Didaktische Analysen und Beispiele aus der schulischen Praxis*. Schorndorf: Hofmann.

Ehni, H. (2000). Vom Sinn des Schulsports. In P. Wolters, H. Ehni, J. Kretschmer, K. Scherler & W. Weichert (Hrsg.), *Didaktik des Schulsports* (S. 9–35). Schorndorf: Hofmann.

Elflein, P. (2012). *Sportpädagogik und Sportdidaktik* (4. Aufl.). Baltmannsweiler: Schneider.

Fischer, K. (2019). *Einführung in die Psychomotorik* (4., überarbeitete und erweiterte Aufl.). München: Reinhardt.

Fritsch, U. (1989). Ästhetische Erziehung: Der Körper als Ausdrucksorgan. *Sportpädagogik, 14*(5), 11–16.

Fritsch, U. (2007). Ästhetische Erziehung. In R. Laging (Hrsg.), *Neues Taschenbuch des Sportunterrichts. Kompaktausgabe* (3., veränderte und korrigierte Aufl., S. 36–46). Hohengehren: Schneider.

Funke-Wieneke, J. (1992). Die Perspektive der Körpererfahrung und ihre Bedeutung bei der gezielten Vermittlung im Turnen. In G. Treutlein, J. Funke & N. Sperle (Hrsg.), *Körpererfahrung im Sport. Wahrnehmen – lernen Gesundheit fördern* (2., überarbeitete Aufl.) (S. 131–139). Aachen: Meyer & Meyer.

Funke-Wieneke, J. (2009). Körpererfahrung. In H. Haag, & A. Hummel (Hrsg.), *Handbuch Sportpädagogik* (2., erweiterte Aufl., S. 314–322). Schorndorf: Hofmann.

Haug, A. (2019). Schule als Sozialisationsinstanz. In G. Bovet & V. Huwendiek (Hrsg.), *Leitfaden Schulpraxis – Pädagogik und Psychologie für den Lehrberuf* (11. Aufl., S. 555 574). Berlin: Cornelsen.

Helsper, W., & Keuffer, J. (2010). Unterricht. In H.-H. Krüger & W. Helsper (Hrsg.), *Einführung in die Grundbegriffe und Grundfragen der Erziehungswissenschaft* (9. überarbeitete und aktualisierte Aufl., S. 91–102). Wiesbaden: VS.

Hildebrandt, R. (1993). Lebensweltbezug – Leitmotiv für eine Neuorientierung der Bewegungserziehung in der Grundschule. *Sportwissenschaft, 23*, 259–275.

Hummel, A. (1994). Die Konzeption der körperlich-sportlichen Grundlagenbildung – Weiterhin eine tragfähige Leitidee. In M. Schierz, A. Hummel & E. Balz (Hrsg.), *Sportpädagogik: Orientierungen – Leitideen – Konzepte* (Schriften der Deutschen Vereinigung für Sportwissenschaft, 58, S. 133-153). St. Augustin: Academia.

Hummel, A. (1997). Die körperlich-sportliche Grundlagenbildung – immer noch aktuell. In E. Balz & P. Neumann (Hrsg.), *Wie pädagogisch soll der Schulsport sein?* (S. 47–62). Schorndorf: Hofmann.

Hummel, A. (2013). Körperlich-sportliche Grundlagenbildung – eine zeitgemäße Alternative. In H. Aschebrock & G. Stibbe (Hrsg.), *Didaktische Konzepte für den Schulsport* (S. 99–121). Aachen: Meyer & Meyer.

Huwendiek, V. (2019). Didaktische Modelle. In G. Bovet & V. Huwendiek (Hrsg.), *Leitfaden Schulpraxis – Pädagogik und Psychologie für den Lehrberuf* (11. Aufl., S. 33–68). Berlin: Cornelsen.

Jank, W., & Meyer, H. (2020). *Didaktische Modelle* (13. Aufl.). Berlin: Cornelsen Scriptor.

Klinge, A. (2009). Körperwahrnehmung: den Körper wahrnehmen, mit dem Körper wahrnehmen und verstehen. In R. Laging (Hrsg.), *Inhalte und Themen des Sportunterrichts* (S. 96–107). Hohengehren: Schneider.

Köckenberger, H. (Hrsg.). (2003). *Psychomotorik – Ansätze und Arbeitsfelder.* Dortmund: Modernes Lernen.

Kolb, M. (1994). Methodische Prinzipien zur Entwicklung der Körperwahrnehmung. In M. Schierz, A. Hummel & E. Balz (Hrsg.), *Sportpädagogik. Orientierungen, Leitideen, Konzepte* (Schriften der Deutschen Vereinigung für Sportwissenschaft, 58, S. 239–260). St. Augustin: Academia.

Köppe, G. (2003). Zur Vielfalt sportdidaktischer Perspektiven oder: Woran soll sich der Schulsport in der Grundschule orientieren? In G. Köppe & J. Schwier (Hrsg.), *Handbuch Grundschulsport* (S. 63–75). Hohengehren: Schneider.

Kretschmer, J. (1997). Akzente kindgerechter Bewegungserziehung. In E. Balz & P. Neumann (Hrsg.), *Wie pädagogisch soll der Schulsport sein?* (S. 169–184). Schorndorf: Hofmann.

Kurz, D. (1977). *Elemente des Schulsports – Grundlagen einer pragmatischen Fachdidaktik.* Schorndorf: Hofmann.

Kurz, D. (1990). *Elemente des Schulsports* (3. Aufl.). Schorndorf: Hofmann.

Kurz, D. (1995). Handlungsfähigkeit im Sport – Leitidee eines mehrperspektivischen Unterrichtskonzepts. In A. Zeuner, G. Senf, & S. Hofmann (Hrsg.), *Sport unterrichten – Anspruch und Wirklichkeit* (S. 41–48). St. Augustin: Academia.

Kurz, D. (2013). Zur Entwicklung einer pragmatischen Fachdidaktik. In P. Neumann, & E. Balz (Hrsg.), *Sportdidaktik – Pragmatische Fachdidaktik für die Sekundarstufe I und II* (S. 13–23). Berlin: Cornelsen.

Messmer, R. (2013). *Fachdidaktik Sport*. Bern: Haupt UTB.
MSWWF NRW (Ministerium für Schule und Weiterbildung, Wissenschaft und Forschung des Landes Nordrhein-Westfalen). (1999). *Richtlinien und Lehrpläne für die Sekundarstufe II – Gymnasium/Gesamtschule in Nordrhein-Westfalen. Sport*. Frechen: Ritterbach.
Neuber, N. (2020). *Fachdidaktische Konzepte Sport – Zielgruppen und Voraussetzungen* (Basiswissen Lernen im Sport). Wiesbaden: Springer VS. https://doi.org/10.1007/978-3-658-28464-0.
Neuber, N. (2021). *Fachdidaktische Konzepte Sport II – Themenfelder und Perspektiven* (Basiswissen Lernen im Sport). Wiesbaden: Springer VS. https://doi.org/10.1007/978-3-658-30249-8.
Neumann, P. (2004). *Erziehender Sportunterricht – Grundlagen und Perspektiven*. Baltmannsweiler: Schneider.
Pfitzner, M. (2021). Sportdidaktik. In A. Güllich, & M. Krüger (Hrsg.), *Sport in Kultur und Gesellschaft*. https://doi.org/10.1007/978-3-662-53385-7_22-1.
Pfitzner, M., & Pürgstaller, E. (2022). Lehren, Lernen und Unterrichten im Sport – Sportdidaktik. In A. Güllich & M. Krüger (Hrsg.), *Sport – Das Lehrbuch für das Sportstudium* (S. 529–561). Berlin: Springer Spektrum. https://doi.org/10.1007/978-3-662-64695-3_14.
Prohl, R. (2010). *Grundriss der Sportpädagogik* (3. Aufl.). Wiebelsheim: Limpert.
Prohl, R. (2022). Sportdidaktische Orientierungen. In V. Scheid & R. Prohl (Hrsg.), *Sportdidaktik – Grundlagen, Vermittlungsformen, Bewegungsfelder* (3., durchgesehene und korrigierte Aufl., S. 49–63). Wiebelsheim: Limpert.
Regner, J. (2005). *Schuleigene Lehrpläne im Sport – Grundlagen, Erfahrungen, Perspektiven*. Berlin: Pro Business.
Scheid, V., & Prohl, R. (Hrsg.). (2022). *Sportdidaktik – Grundlagen, Vermittlungsformen, Bewegungsfelder* (3., durchgesehene und korrigierte Aufl.). Wiebelsheim: Limpert.
Scherler, K. (2008). *Sportunterricht auswerten – Eine Unterrichtslehre* (2., überarbeitete Aufl.). Hamburg: Czwalina.
Schierz, M. (1997). *Narrative Didaktik – von den großen Entwürfen zu den kleinen Geschichten im Sportunterricht*. Weinheim, Basel: Beltz.
Söll, W. (1995). Sportunterricht ohne Sportarten? Plädoyer für ein richtig verstandenes „Sportartenkonzept". In A. Zeuner, G. Senf & S. Hofmann (Hrsg.), *Sport unterrichten – Anspruch und Wirklichkeit* (S. 64–71). St. Augustin: Academia.
Söll, W. (2000). Das Sportartenkonzept in Vergangenheit und Gegenwart. *Sportunterricht, 49*, 4–8.
Söll, W. (2005). *Sportunterricht – Sport unterrichten. Ein Handbuch für Sportlehrer* (6. Aufl.). Schorndorf: Hofmann.
Terhart, E. (2019). *Didaktik – Eine Einführung*. Stuttgart: Reclam.
Thiele, J., & Schierz, M. (2011). Handlungsfähigkeit – revisited. Plädoyer zur Wiederaufnahme einer didaktischen Leitidee. *Spectrum der Sportwissenschaft, 23*(1), 52–75.
Treutlein, G., Funke, J. & Sperle, N. (Hrsg.). (1992). *Körpererfahrung im Sport. Wahrnehmen – lernen Gesundheit fördern* (2., überarbeitete Aufl.). Aachen: Meyer & Meyer.
Volkamer, M. (1987). *Von der Last mit der Lust im Schulsport – Probleme der Pädagogisierung des Sports*. Schorndorf: Hofmann.

Volkamer, M., & Zimmer, R. (1984). „Was bleibt vom Sport im Schulsport?" In ADL (Hrsg.), *Schüler im Sport – Sport für Schüler* (S. 226–232). Schorndorf: Hofmann.

Wopp, C. (2007). Lebenswelt, Jugendkulturen und Sport in der Schule. In R. Laging (Hrsg.), *Neues Taschenbuch des Sportunterrichts. Kompaktausgabe* (3., veränderte und korrigierte Aufl., S. 104–122). Hohengehren: Schneider.

Zimmer, R. (1996). Psychomotorik in der Grundschule. In M. Polzin (Hrsg.), *Bewegung, Spiel und Sport in der Grundschule – Fachliche und fächerübergreifende Orientierung* (S. 70–81). Frankfurt: AK Grundschule.

Zimmer, R. (2003). Wahrnehmen – Erleben – Bewegen. Psychomotorische Entwicklungsförderung. In G. Köppe, & J. Schwier (Hrsg.), Handbuch Grundschulsport (S. 367–380). Hohengehren: Schneider.

Zimmer, R. (2019). *Handbuch Psychomotorik – Theorie und Praxis der psychomotorischen Förderung von Kindern* (14. Auflage). Freiburg: Herder.

Methodische Grundlagen 6

Zusammenfassung

Das Kapitel befasst sich mit methodischen Grundlagen des Sportunterrichts. Ausgehend von Überlegungen zum Verständnis und zur Systematisierung von Methoden im Sport werden methodische Maßnahmen, methodische Übungsreihen und methodische Verfahren als Grundlagen einer objektorientierten Methodik vorgestellt. Demgegenüber betont die subjektorientierte Methodik den Erziehungsanspruch des Sportunterrichts und greift dazu auf methodische Inszenierungsformen zurück. Im Sinne einer integrativen Betrachtung wird abschließend das methodische Spektrum im Sportunterricht verdeutlicht. Das Kapitel wird durch einen Exkurs zu Bewegungsaufgaben im Sport ergänzt.

6.1 Einführung

Methodische Fragen befassen sich mit der konkreten **Inszenierung von Lehr-Lern-Prozessen.** Damit werden grundsätzliche Fragen der Vermittlung angesprochen: „Wie soll ein Lehrer im Unterricht vorgehen? Auf welche Weise soll er den Lern- und Erarbeitungsprozess der Schüler unterstützen? In welcher Verbindung steht die zu vermittelnde bzw. zu erarbeitende Sache mit der Art und Weise, wie ein Lehrer den Prozess der Vermittlung bzw. Erarbeitung strukturiert? Welche Art der Unterstützung ist für welche Schüler die vorteilhafteste? […] Wie groß ist überhaupt der methodische Spielraum, den die Realität der Schule und der Alltag des Unterrichtens dem Lehrer bieten?" (Terhart 2021, S. 47). Fasst man diese allgemeinen Fragen des Schulpädagogen Ewald Terhart zusammen, geht es um die **Art und Weise der Vermittlung** eines Inhalts oder um den

Weg zu einem Ziel (vgl. Kurz 2007). Bekanntermaßen führen viele Wege nach Rom. Dieser Allgemeinplatz gilt tatsächlich auch für das methodische Vorgehen im Unterricht. Allerdings sollte der methodische Weg bewusst gewählt und begründet werden.

Diese Aufgabe ist im Hinblick auf den Sportunterricht besonders herausfordernd. Das liegt zum einen daran, dass das Fach sehr voraussetzungsreich ist. Schülerinnen und Schüler verfügen über ganz unterschiedliche, positiv oder negativ besetzte Vorerfahrungen in Bezug auf Bewegung, Spiel und Sport, die bei der Inszenierung des Unterrichts berücksichtigt werden müssen (Neuber 2020). Zum anderen zielen Sportangebote im Sinne eines **Erziehenden Sportunterrichts** nicht nur auf die Vermittlung eines (motorischen) Inhalts, sondern zugleich immer auf die Förderung übergreifender emotionaler, sozialer und kognitiver Fähigkeiten und Fertigkeiten (Prohl 2022). Es überrascht daher nicht, dass das **Methodenthema im Sportunterricht** schon immer eine zentrale Rolle spielte und in früheren Zeiten ganze Lehrbuchregale füllte (z. B. Fetz 1961; Seybold-Brunnhuber 1972; Czwalina 1988). Seit den 1990-er Jahren wird das Thema weniger sport(art)spezifisch als vielmehr übergreifend diskutiert, wobei je nach fachdidaktischem Ansatz eher die **Sache Sport** oder die **Entwicklung des Subjekts** im Vordergrund steht (siehe Kap. 5). Auch beim Methodenthema im Sport geht es also darum, sich als Lehrkraft seiner Position zu vergewissern, um begründete Entscheidungen treffen zu können.

6.2 Grundbegriffe

Die Aufgabe von Lehrerinnen und Lehrern beschränkt sich nicht darauf, ihren Schülerinnen und Schülern bestimmte Fähigkeiten und Fertigkeiten, Einstellungen und Kenntnisse zu vermitteln. Vielmehr sollen sie den Unterricht „mit Witz und Fantasie, mit Kopf, Herz und Hand" *inszenieren* (Meyer 2009, S. 20). Entsprechend basiert das **methodische Handeln** von Lehrkräften auf der zielgerichteten Organisation, der sozialen Interaktion und der sinnstiftenden Verständigung mit ihren Schülerinnen und Schülern (Meyer 2009, S. 21). Dazu greifen sie auf **Unterrichtsmethoden** zurück, die als Handlungsformen verstanden werden, mit denen Lehrkräfte fachliche und überfachliche Ziele ansteuern können. Sie beschreiben also „eine bestimmte Art und Weise des Vorgehens" (Terhart 2019, S. 181). Methodische Entscheidungen müssen auf unterschiedlichen **Ebenen methodischen Handelns** getroffen werden, etwa auf der Ebene der Handlungsformen, der Sozialformen oder der Unterrichtsschritte. Für den Sportunterricht sind diese Ebenen besonders komplex, weil hier neben kognitiven und sozialen auch motorische und emotionale Ziele angesteuert werden. Zu den **methodischen Maßnahmen** als den kleinsten methodischen Einheiten im Sport zählen beispielsweise die Bewegungsanweisung, die Bewegungsaufgabe und die Bewegungsanregung (Heymen und Leue 2014, S. 133–151).

Die Kombination mehrerer Anweisungen oder Aufgaben zum Erlernen einer sportspezifischen Fertigkeit wird als **methodische Reihe** bezeichnet. Ihr Aufbau folgt in aller Regel methodischen Prinzipien wie „Vom Leichten zum Schweren" oder „Vom Bekannten zum Unbekannten" (Heymen und Leue 2014, S. 156–160). Werden methodische Maßnahmen und Reihen „nach einem übergeordneten Gesichtspunkt zusammenfasst, ergibt dies ein **methodisches Verfahren**" (Größing 2007, S. 209). Dabei werden das induktive und das deduktive sowie das synthetische und das analytische Verfahren unterschieden. Während die bisherigen Begriffe eher an der Vermittlung der Sache Sport orientiert sind, beziehen sich **Inszenierungsformen** eher auf die Entwicklung des Subjekts. Sie heben eine bestimmte Aktivität im Sportunterricht hervor, z. B. das „Darstellen und Zeigen" oder das „Spielen und Entdecken" (Laging 2000). Damit sind die beiden grundsätzlichen **Methodenverständnisse im Sport** – die objekt- und die subjektorientierte Methodik – genannt.

6.3 Grundlagen

Die zentralen Entscheidungsdimensionen im Unterricht sind Ziele, Inhalte und Methoden. Sie antworten auf die drei zentralen Fragen nach dem „Wozu?" (Ziele), „Was?" (Inhalte) und „Wie?" (Methoden) der unterrichtlichen Inszenierung. Üblicherweise werden das „Wozu" und das „Was" dem Bereich der Didaktik zugerechnet und das „Wie" der Methodik (Terhart 2019, S. 180–183). Gleichwohl stehen Ziele, Inhalte und Methoden im Sinne des **Implementationszusammenhangs** in einem spezifischen Wechselverhältnis (siehe Abschn. 4.3), das je nach konzeptionellem Grundverständnis unterschiedlich ausgeprägt sein kann. So geht die klassische bildungstheoretische Didaktik von einem **Primat der Didaktik gegenüber der Methodik** aus, d. h. Methodenfragen werden nachgeordnet gegenüber Ziel- und Inhaltsfragen betrachtet. Vordergründig erscheint das nachvollziehbar: Zunächst bestimmt man die Ziele und Inhalte einer Unterrichtsstunde, dann überlegt man, auf welchem Weg sie vermittelt werden sollen. Auf den zweiten Blick gibt es aber auch Zweifel: „Die Methode konstruiert den Gegenstand" und schafft damit die entscheidenden Voraussetzungen dafür, welche Ziele mit welchem Inhalt erreicht werden können (Kurz 2007, S. 12). Daraus kann durchaus auch ein **Primat der Methodik gegenüber der Didaktik** abgeleitet werden.

In einem klassischen Verständnis sind Unterrichtsmethoden „wiederkehrende Muster von Lehraktivitäten, die der Vermittlung von Lehrzielen und Lehrinhalten dienen, also Lernen bewirken sollen und von vielen Lehrern angewendet werden können" (Einsiedler 1981, S. 17). In diesem **autonomen Methodenverständnis** stehen die Ziele und Inhalte vor den methodischen Entscheidungen. In einer umfassenderen Sicht werden die Wechselwirkungen von Zielen, Inhalten und Methoden gleichberechtigt berücksichtigt. Diese Position wird als **didaktisches Methodenverständnis** bezeichnet (Kurz 2007, S. 16). In diesem weitergefassten Verständnis wird auch das methodische Handeln der Schülerinnen und Schüler diskutiert (Terhart 2019, S. 181). Eine mögliche Definition von Unterrichtsmethoden bezieht sich dann auf „die **Formen und Verfahren,** in und mit denen sich Lehrer und Schüler die sie umgebende natürliche und gesellschaftliche Wirklichkeit unter institutionellen Rahmenbedingungen aneignen" (Meyer 2009, S. 45). Allerdings hat die Lehrkraft im Rahmen unterrichtlicher Prozesse immer die Verantwortung für den Einsatz der Methoden. Die sogenannte **Methodenmacht** liegt also bei den Lehrerinnen und Lehrern. Im Gegensatz zu Zielen und Inhalten, die durch Richtlinien und Lehrpläne mehr oder weniger vorgegeben sind, können sie die Methoden weitgehend selbst bestimmen (vgl. Kurz 2007).

Der Begriff des **methodischen Handelns** von Lehrkräften kann als „Inszenierung des Unterrichts durch die zielgerichtete Organisation der Arbeit, durch soziale Interaktion und sinnstiftende Verständigung" mit den Schülerinnen und Schülern verstanden werden (Meyer 2009, S. 21). Dabei unterliegt es den **Antinomien pädagogischen Handelns** in der Schule (siehe Abschn. 3.3): „Unterrichtsmethoden sind Zwangsjacke und Befreiung in einem. Sie treiben durch ihre Widersprüchlichkeit den Unterrichtsprozess voran" (Meyer 2009, S. 54). Das bedeutet, dass Lehrkräfte ihren Unterricht leiten, dass sich die Schülerinnen und Schüler zugleich aber mehr oder weniger selbstständig mit dem Gegenstand des Unterrichts auseinandersetzen sollen. Der Schulpädagoge Benner (2001) nennt das das **Prinzip der Fremdaufforderung zur Selbsttätigkeit.** Bezieht man zudem den spezifischen Fachgegenstand „Bewegung, Spiel und Sport" mit seinen fachlichen und überfachlichen Ansprüchen mit ein, wird es vollends komplex. Womöglich ist das ein Grund dafür, dass viele sportdidaktische Arbeiten eine genaue Bestimmung des Methodenbegriffs vermeiden. Dennoch soll hier eine Definition vorgeschlagen werden:

▶ **Methoden im Sportunterricht** sind Handlungsformen, die von Sportlehrkräften eingesetzt werden, um den Unterricht zu steuern und ihre Schülerinnen und Schüler darin zu unterstützen, sich mit ausgewählten Bewegungsthemen auseinanderzusetzen und dadurch fachliche und überfachliche Ziele zu erreichen.

6.3 Grundlagen

Um die Komplexität des Methodenthemas überschaubar zu machen, werden verschiedene **Ebenen methodischen Handelns** unterschieden. So differenziert Meyer (2009, S. 115) zwischen Handlungssituationen, Handlungsmustern, Unterrichtsschritten, Sozialformen und methodischen Großformen. Diese Ebenen sind unterschiedlich komplex. Handlungssituationen beziehen sich beispielsweise auf eine einzelne Aufgabenstellung oder Rückmeldung, während methodische Großformen die grundsätzliche Anlage einer unterrichtlichen Inszenierung betreffen, beispielsweise eine Unterrichtsstunde, einen Lehrgang oder eine Exkursion. Gleichwohl können diese fünf Ebenen nur im Zusammenhang betrachtet werden, weil sie sich wechselseitig bedingen. Zugleich finden methodische Entscheidungen nicht im „luftleeren Raum" statt, sondern sie sind abhängig von den jeweiligen Rahmenbedingungen. Diese **Dimensionen der Unterrichtsmethode** fasst Terhart (2019, S. 195–199) in einem Modell zusammen, das vier Aspekte unterscheidet: Im Hinblick auf den Lerngegenstand ist es die Dimension „Sachbegegnung", im Hinblick auf die Institution Schule die Dimension „Rahmung", im Hinblick auf die Lernenden die Dimension „Lernhilfe" und im Hinblick auf das Lernziel die Dimension „Zielerreichung" (vgl. Abb. 6.1). Dieses Modell wurde auch auf den Sport übertragen (Laging 2006; Pfitzner und Neuber 2012).

Ebenso wurde die Diskussion um eine neue Aufgabenkultur, die in der Folge des „PISA-Schocks" vor allem in den sogenannten Kernfächern entstand, von der Sportdidaktik aufgegriffen. Im Rahmen des kompetenzorientierten

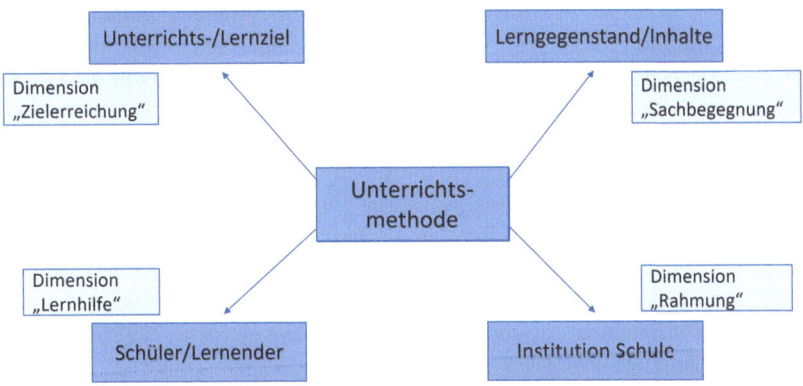

Abb. 6.1 Dimensionen der Definition von Unterrichtsmethode. (Mod. nach Terhart 2019, S. 196)

Sportunterrichts kommt vor allem dem **Konzept der Lernaufgabe** eine besondere Bedeutung zu (Pfitzner 2014). Eine Lernaufgabe kann als Arrangement „sinnhafter, inhaltlich und hinsichtlich der gestellten Anforderungen aufeinander abgestimmter Aufgaben zum Lernen" verstanden werden (Pfitzner und Aschebrock 2013, S. 3). Sie dient insbesondere der **kognitiven Aktivierung** von Schülerinnen und Schülern im Sportunterricht. Weitere Ansprüche liegen u. a. in der Subjektorientierung, der sozialen Interaktion, in der Möglichkeit alternativer Lösungen und im Lebensweltbezug (Pfitzner und Neuber 2022). Unstrittig ist, dass die Perspektive der Lernaufgabe den Aufgabendiskurs in der Sportdidaktik erweitert hat. Neben der kognitiven Aktivierung werden auch eine motorische und die **ästhetische Aktivierung** im Sportunterricht diskutiert (Laging 2022). Ob es sich bei der Lernaufgabe allerdings um einen neuen Aufgabentypus handelt oder ob die Lernaufgabe nur die Idee der klassischen Bewegungsaufgabe erweitert (siehe Abschn. 6.3.2), kann diskutiert werden (Neuber 2014).

▶ **Literaturtipp** Pfitzner, M. (Hrsg.). (2014). *Aufgabenkultur im Sportunterricht – Konzepte und Befunde zur Methodendiskussion für eine neue Lernkultur* (Bildung und Sport, 5). Wiesbaden: Springer VS.

Michael Pfitzner vereint in seinem Sammelband zahlreiche Beiträge zum Aufgaben- und Kompetenzdiskurs in der Sportdidaktik. Dazu gehören auch empirische Studien zu diesem Feld.

Letztlich sind die **Methodenentscheidungen** einer Lehrkraft abhängig von der pädagogischen Ausrichtung des Unterrichts und dem damit einhergehenden fachdidaktischen Konzept. In Anlehnung an die beiden **Aufgaben pädagogischen Handelns** im Sport (siehe Kap. 1) sowie die davon abgeleiteten fachdidaktischen Orientierungen (siehe Abschn. 5.3) können eine objektorientierte und eine subjektorientierte Methodik im Sport unterschieden werden (Köppe 2009). Eine solche **dichotome Sichtweise** ist im methodischen Feld durchaus verbreitet. So unterscheidet Zimmer (1994) die Maßnahmen „Unterweisen" und „Anregen". Kretschmer (1997) spricht von „Anweisen" und „Anbieten" oder in einem späteren Beitrag von „Unterweisen" und „Betreuen" (Kretschmer 2000). Auch bewegungspädagogische Ansätze verwenden diese Gegenüberstellung. Häufig zitiert wird beispielsweise das „durchgreifende Unterrichten", das vom „vermittelnden Unterrichten" zu unterscheiden sei (Funke-Wieneke 1995). Auch im Folgenden wird die zweifache Ausrichtung methodischen Handelns im Sinne einer **objektorientieren** und einer **subjektorientierten Methodik** aufgegriffen, bevor die Zugänge abschließend integrativ betrachtet werden.

6.3.1 Objektorientierte Methodik

Das objektorientierte Methodenverständnis geht von der Sache Sport aus, die möglichst effektiv vermittelt werden soll. **Motorische Fähigkeiten und Fertigkeiten** werden so aufbereitet, dass die Schülerinnen und Schüler sie möglichst reibungslos erlernen können. Letztlich folgt der Ansatz damit einem autonomen Methodenverständnis. Ein klassisches objektorientiertes Methodenmodell, das die Bielefelder Sportpädagogen entwickelt haben, unterscheidet fünf Ebenen methodischer Entscheidungen (vgl. Abb. 6.2): Auf der Ebene des **allgemeinen**

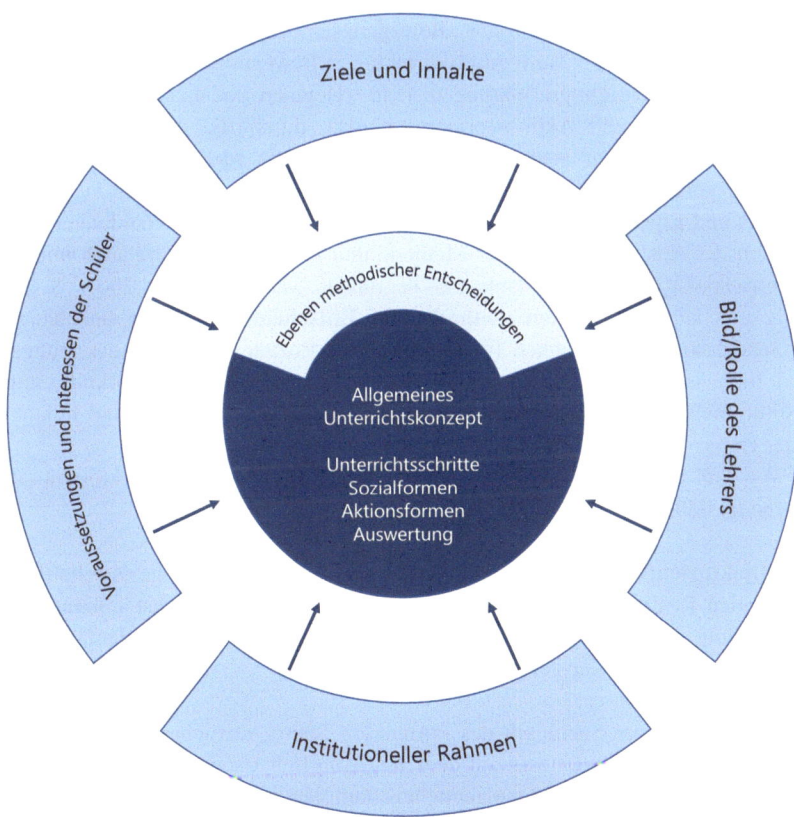

Abb. 6.2 Ebenen methodischen Handelns. (Mod. nach Kurz 2007, S. 21)

Unterrichtskonzepts wird über die grundsätzliche Ausrichtung einer Sportstunde entschieden: analytisch oder ganzheitlich, deduktiv oder induktiv, geschlossen oder offen (Kurz 2007, S. 18). Auf der Ebene der **Unterrichtsschritte** geht es um die zeitliche Gliederung oder Reihung der Unterrichtsschritte. Typisch für objektorientierte Methodenkonzepte ist die methodische Übungsreihe zum Erlernen sportspezifischer Fertigkeiten (Söll 2005, S. 123–128). Die Ebene der **Sozialformen** befasst sich mit der Größe von Lerngruppen: Einzelarbeit, Paararbeit, Kleingruppenarbeit, Arbeit in der Klassengemeinschaft. In älteren Methodenbüchern werden dazu auch „Aufstellungsformen" (Kreis, Reihe, Gasse etc.) vorgestellt (Fetz 1988, S. 240–257).

Die Ebene der **methodischen Maßnahmen** – Kurz (2007) spricht von „Aktionsformen" – bezieht sich auf die kleinsten methodischen Einheiten des Sportunterrichts. Dazu gehören Bewegungsanweisung, Bewegungsaufgabe, Bewegungsvorschrift, Bewegungskorrektur, Bewegungshilfe, Bewegungsbeschreibung, Bewegungserklärung u. a. m. (Heymen und Leue 2014, S. 133–151). Insgesamt sind Aktionsformen Impulse, durch die die Lehrkraft den Unterricht unmittelbar steuert. Als letzte Ebene des Modells wird die **Auswertung** genannt. Darunter werden alle Maßnahmen gefasst, die Auskunft über Prozess und Ergebnis des Unterrichts geben: „Für uns sind Entscheidungen über Formen der Auswertung Teil der Methode und müssen als solche auch mit der Unterrichtsvorbereitung geplant und begründet werden" (Kurz 2007, S. 21). Insgesamt sind die **Ebenen methodischer Entscheidungen** nicht unabhängig zu sehen, sondern sie stehen in einer direkten Beziehung zu Voraussetzungen und Interessen der Schülerinnen und Schüler, zur Rolle der Lehrkraft, zum institutionellen Rahmen der Schule und nicht zuletzt zu den Zielen und Inhalten einer Unterrichtsstunde (Kurz 2007, S. 20–22).

Vor dem Hintergrund des Bielefelder Modells lässt sich die objektorientierte Methodik definieren:

▶ **Objektorientierte Methodenverständnisse** gehen von der gesellschaftlich-kulturellen Realität des Sports aus und zielen auf eine möglichst reibungslose Vermittlung von sportspezifischen Handlungsmustern. Sie sind tendenziell eher geschlossen-deduktiv ausgerichtet.

Ausgehend von der Sachlogik des normierten Sports versuchen diese Ansätze, möglichst alle Lernhindernisse auf dem Weg zum Beherrschen einer motorischen Zielform durch die Unterrichtsplanung aus dem Weg zu räumen. Insofern besteht eine gewisse Nähe zu planungsdidaktischen Modellen (siehe Abschn. 4.3.2) und objektorientierten didaktischen Konzepten (siehe Abschn. 5.3.1). Dabei beziehen

6.3 Grundlagen

sich objektorientierte Verständnisweisen oft auf **methodische Prinzipien,** die den Lernprozess strukturieren. Dazu gehören Prinzipien wie „Vom Leichten zum Schweren", „Vom Einfachen zum Komplexen", „Vom Bekannten zum Unbekannten", „Vom Risikoarmen zum Risikoreichen", „Vom Langsamen zum Schnellen" oder „Vom Bildhaften zum Abstrakten" (Sportjugend NRW 1998, S. 128). Diese Prinzipien finden sich als „Konstruktionsprinzipien" in **methodischen Übungsreihen** wieder, die als „nach methodischen Grundsätzen geordnete Übungsfolgen, die zur Erlernung einer bestimmten motorischen Fertigkeit (Zielübung)" führen, verstanden werden (Heymen und Leue 2014, S. 156). Davon unterschieden werden **methodische Spielreihen,** die zur Einführung in kleine oder große Sportspiele dienen.

Eine besondere Bedeutung für das objektorientierte Methodenverständnis haben **methodische Verfahren** (vgl. Abb. 6.3). Sie stehen für eine grundsätzliche unterrichtliche Vorgehensweise, die auf eine gesamte Unterrichtsstunde bezogen wird. Üblicherweise werden das „induktive" und das „deduktive" sowie das „synthetische" und das „analytische" Verfahren unterschieden (Größing 2007, S. 209). Das **induktive Verfahren** „stellt die Selbstständigkeit und Selbsttätigkeit des Schülers in den Vordergrund und nimmt dafür Umwege im Lerngeschehen in Kauf" (Größing 2007, S. 209). Ausgehend von einer Bewegungsaufgabe suchen und erproben die Lernenden eine möglichst passende Aufgabenlösung, die dann herausgestellt, korrigiert, geübt und angewendet wird (vgl. Abb. 6.4). Demgegenüber greift das **deduktive Verfahren** ausgehend von einer definierten Zielübung, die beschrieben und vorgemacht wird, auf eindeutige Bewegungsanweisungen

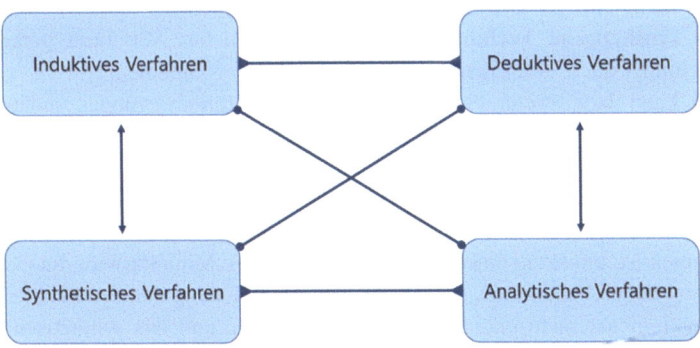

Abb. 6.3 Klassische methodische Verfahren. (Mod. nach Größing 2007, S. 209)

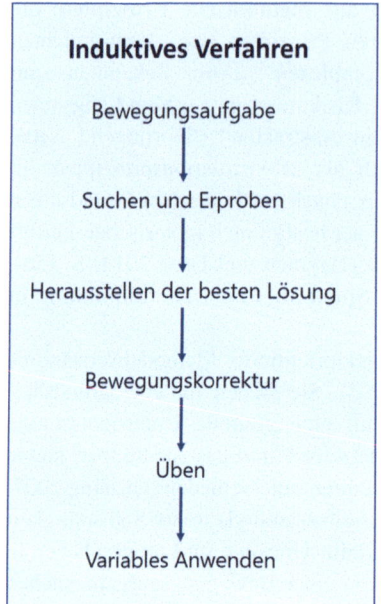 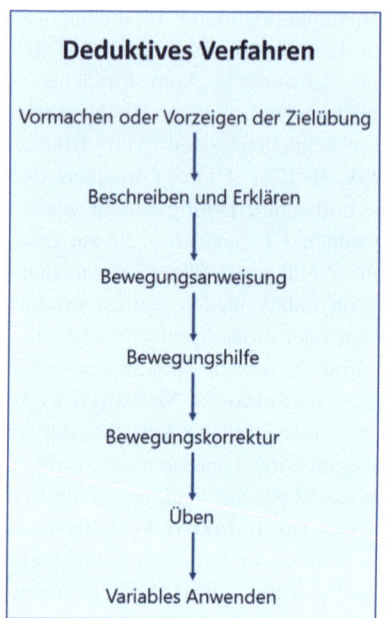

Abb. 6.4 Induktives vs. deduktives Unterrichtsverfahren. (Mod. nach Größing 2007, S. 210)

zurück, auf deren Grundlage die Zielübung korrigiert, geübt und angewendet wird (Größing 2007, S. 210–211).

Das **synthetische Verfahren** – auch ganzheitliches Verfahren genannt – kommt immer dann zum Einsatz, wenn eine Zielübung „in einem Rutsch" gelernt werden kann bzw. wenn eine Zergliederung in Teilbewegungen nicht sinnvoll erscheint. Bei schwierigen Bewegungsabläufen „können Hilfen eingesetzt werden, die dem Schüler die Bewegungsausführung erleichtern" (Heymen und Leue 2014, S. 129). Das **analytische Verfahren** – auch elementenhaftes Verfahren oder Teillernmethode genannt – findet Verwendung, wenn die Zielübung zu komplex ist, um sie in einem Durchgang zu lernen. Mitunter wird die Gesamtbewegung dadurch allerdings so zerlegt, dass die Zielübung von den Schülerinnen und Schülern gar nicht erkannt wird. Das induktive und das synthetische Verfahren haben eine gewisse Nähe. Sie gelten tendenziell als schülerorientierter. Ebenso haben das deduktive und das analytische Verfahren gewisse Schnittmengen. Sie gelten tendenziell als sachorientierter (Größing 2007, S. 209–214).

Insgesamt zielen alle vier Verfahren nach diesem Verständnis vorrangig auf das **Erlernen einer normierten Bewegungsfertigkeit.** Individuelle Aufgabenlösungen werden nur als Zwischenschritt zur vermeintlich besten, d. h. im Sinne der Sportart effektivsten Lösung gesehen.

Hier setzt auch die Hauptkritik am objektorientierten Methodenverständnis an: Die Methodik orientiere sich im Sinne einer **Abbilddidaktik** einseitig an der Sache Sport. Weder biete das Konzept eine Offenheit für subjektive Lösungen, noch werde das Bewegungslernen als Dialog zwischen Subjekt und Umwelt verstanden (Funke-Wieneke 1997). In geschlossenen Unterrichtsverläufen „wird das Geschehen durch **lehrerdominante Methoden** mit einem engen Rahmen für das Schülerinnen- und Schüler-Handeln bestimmt" (Laging 2006, S. 52). Selbstbestimmtes Handeln komme nicht oder nur als „Alibi" für ein fertigkeitsorientiertes Unterrichten zum Einsatz. Dabei sei der Lernende **Subjekt seines eigenen Lernprozesses,** „er setzt sich aktiv mit einer Aufgabe auseinander und eignet es sich auf ‚seine Weise' an: Lernen können nur Lernende selbst" (Laging 2006, S. 54). Deshalb sollten methodische Vorgehensweisen immer in ein pädagogisches Gesamtkonzept eingebunden sein, das auf die Erziehung und das selbstständige Lernen junger Menschen abzielt (Laging 2000).

6.3.2 Subjektorientierte Methodik

Das subjektorientierte Methodenverständnis geht vom Subjekt bzw. vom **Lernprozess des Subjekts** aus. Daher ist die Entscheidung für eine bestimmte Methode im Sportunterricht „nicht nur im Rahmen einer komplexen Gemengelage von Zielen und Inhalten des Unterrichts zu treffen, sondern auch in Bezug auf ein pädagogisches Selbstverständnis von Lernen und Erziehung" (Laging 2000, S. 3). Insofern steht weniger die Sache Sport mit ihren mehr oder weniger normierten Fertigkeiten im Vordergrund dieses Ansatzes als vielmehr das individuelle Erleben und die **Sinnbezüge des Sich-Bewegens** in einem subjektiv bedeutsamen Handlungskontext (Scherer 1999). Das diesem Ansatz zugrunde liegende Bewegungsverständnis beschreibt Trebels (1999, S. 197) als „Einlassen auf die Aufgabe und ein waches Erfassen des Zusammenhangs von Spüren und Bewirken im Tun". Vor diesem Hintergrund geht es dem subjektorientierten Methodenverständnis nicht nur um eine möglichst schülerorientierte Vermittlung einer Sache, sondern die Methode ist zugleich Ziel, d. h. Schülerinnen und Schüler sollen im Sportunterricht auch eine **Methodenkompetenz** erwerben. „Daher steht das Lernen selbst im Mittelpunkt – das Lernen soll gelernt werden"

(Laging 2000, S. 5). In diesem Sinne folgt der Ansatz explizit einem didaktischen Methodenverständnis (siehe Abschn. 6.3).

▶ **Literaturtipp** Laging, R. (2006). *Methodisches Handeln im Sportunterricht – Grundzüge einer bewegungspädagogischen Unterrichtslehre.* Seelze: Kallmeyer.
Ralf Laging gibt in seinem Band einen umfassenden Überblick über das Thema Methoden im Sportunterricht. Dabei nimmt er eine subjektorientierte Perspektive ein.

Ein Methodenmodell für das subjektorientierte Methodenverständnis hat Ralf Laging (2000) vorgelegt (vgl. Abb. 6.5). Es unterscheidet fünf Ebenen methodischen Handelns, die in die Rahmenbedingungen von Schule und Unterricht sowie in die personellen und situativen Bedingungen der Lerngruppe eingebettet sind. Im Gegensatz zum objektorientierten Methodenmodell werden

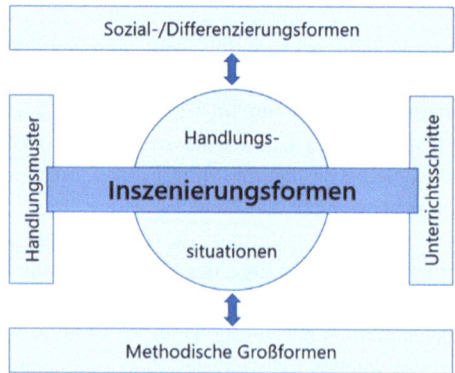

Abb. 6.5 Ebenen methodischen Handelns. (Mod. nach Laging 2000, S. 7)

die Methoden nicht nur von den zugrunde liegenden **Unterrichtskonzepten** gerahmt, sondern auch vom **Erziehungsanspruch und Lernverständnis,** das dem gewählten Konzept zugrunde liegt. Die Orientierung am Lernprozess der Schülerinnen und Schüler führt „zu einem offenen, ganzheitlichen, handlungsorientierten und schüleraktiven Konzept von Sportunterricht" (Laging 2000, S. 6). Ausgangspunkt des Modells sind konkrete **Handlungssituationen** des Unterrichts. Sie werden durch spezifische **Handlungsmuster,** wie Bewegungsanweisung, Bewegungsaufgabe oder Bewegungsimpuls, angeregt. Die zeitliche Strukturierung einer Unterrichtsstunde erfolgt auf der Ebene der **Unterrichtsschritte:** „Im Kern geht es darum, eine in sich sinnvolle, auf das Ziel der Lehr-/Lerneinheit gerichtete Abfolge von Handlungssituationen zu entwerfen" (Laging 2000, S. 7).

Auf der Ebene der **Sozial- und Differenzierungsformen** wird die Zusammenarbeit in der Klasse bestimmt, zugleich geht es dabei aber auch um die Steuerung der Beziehungen von Lehrenden und Lernenden. Die Ebene der **methodischen Großformen** betrifft die übergeordnete Inszenierung des Unterrichts, etwa in Form von Vorhaben, Projekten oder Lehrgängen. Insgesamt orientiert sich das Modell eines subjektorientierten Methodenverständnisses an den methodischen Ideen des Didaktikers Hilbert Meyer (2009). Von ihm übernimmt Laging auch den Inszenierungsbegriff, der als verbindendes Element im Zentrum des Modells steht. Handlungsmuster, Unterrichtsschritte, Sozial- und Differenzierungsformen sowie methodische Großformen werden in sogenannten **Inszenierungsformen** des Unterrichts zusammengefasst. Der Begriff der Inszenierung findet sich „in der didaktischen Literatur immer dort, wo es um eine relativ komplexe ‚Ganzsicht' auf die Gestaltung unterrichtlicher Lehr-/Lernsituationen geht" (Laging 2000, S. 8). Inszenierungsformen heben jeweils eine zentrale methodische Handlungsweise hervor, die den Ablauf des Unterrichts bestimmt. **Inszenierungsformen im Sportunterricht** können beispielsweise „Darstellen und Zeigen", „Bauen und Konstruieren" oder „Spielen und Entdecken" sein (Laging 2000, S. 8).

Ausgehend von Ralf Lagings Methodenmodell lässt sich die subjektorientierte Methodik definieren.

▶ **Subjektorientierte Methodenverständnisse** gehen von den individuellen Möglichkeiten und Wünschen des einzelnen aus und zielen auf die Entwicklung des Subjekts. Sie sind tendenziell eher offen-induktiv ausgerichtet.

Das subjektorientierte Methodenverständnis ist vor allem im Rahmen kritischemanzipatorischer Konzepte zum Sportunterricht in den 1980-er und 90-er Jahren entstanden, etwa im Rahmen des dialogischen Bewegungskonzepts oder des Körpererfahrungskonzepts (Neuber 2021, S. 31–50). Auch methodisch wurde damit eine **Gegenbewegung** zu traditionellen „Anleitungs-, Lehr- und Trainingsverfahren" im Sport entwickelt (Funke-Wieneke 2009, S. 319). Die Wurzeln der subjektorientierten Methodik reichen allerdings zurück bis in die **reformpädagogische Leibeserziehung** der 1920-er Jahre. Als Alternative zur „Lernschule" der wilhelminischen Kaiserzeit betonte die Reformpädagogik die Unmittelbarkeit und Natürlichkeit des Lernens in einer „Lebensschule". Aus dieser Zeit stammt beispielsweise das **Natürliche Turnen,** das auf Karl Gaulhofer und Margarete Streicher zurückgeht. Ihre kindgemäße Bewegungsschulung ging von dem Grundsatz aus, „die natürlichen Bewegungen der Kinder zu erhalten und zu entfalten" (Prohl 2006, S. 47). In diesem Zusammenhang arbeiteten sie weniger mit Anweisungen als vielmehr mit Aufgaben. Die **Bewegungsaufgabe** galt schon damals als besonders gute methodische Maßnahme, „weil bei ihr der Ganzheitscharakter der Tätigkeit nicht zerstört wird und weil vielfältige Veränderungen im Bewegungsablauf möglich sind, ohne dass sie als solche verlangt werden" (Streicher 1961, S. 13).

Bewegungsaufgaben im Sport

Die Bewegungsaufgabe ist eine der wichtigsten, wenn nicht *die* wichtigste methodische Maßnahme zur Steuerung des Sportunterrichts. Als Aufforderung an die Schülerinnen und Schüler, ein bestimmtes Bewegungsproblem selbstständig zu lösen, gibt die Bewegungsaufgabe einen Handlungsrahmen vor, lässt jedoch prinzipiell unterschiedliche Aufgabenlösungen zu (Neuber 2000, S. 117–118). Dabei geht es zumeist weniger um das Erreichen einer bestimmten, „besten" Zielform als vielmehr um das Ausprobieren und Entwickeln eigener Bewegungsmöglichkeiten. Alle Lösungen gelten als „richtig", solange die in der Aufgabe formulierten Mindestanforderungen erfüllt werden (Stoßberg und Datzer 1985, S. 68–70). In dem methodischen Spektrum zwischen Anweisungen, die nur eine Lösung zulassen, und Anregungen, die völlig offen sind, kommt der Bewegungsaufgabe eine Mittlerfunktion zu (Neuber 2010). Gleichwohl ist die Bewegungsaufgabe – wie andere methodische Maßnahmen auch – abhängig vom unterrichtlichen Kontext, in dem sie eingesetzt wird (Laging 2006, S. 59–70). Mindestens drei Zugänge zur Bewegungsaufgabe können ausgemacht werden: Eine sportorientierte, eine künstlerisch-pädagogische und eine bewegungspädagogische Auslegung (vgl. Neuber 2014).

Im Rahmen der **sportorientierten Auslegung** wird der Bewegungsaufgabe ein Platz im Rahmen des induktiven Unterrichtsverfahrens eingeräumt (Größing 2007, 195–196). Das Ziel ist ein möglichst reibungsloses Erlernen sportmotorischer Fertigkeiten. Zwar werden der Bewegungsaufgabe auch Wirkungen in den Bereichen des sozialen Lernens, des kognitiven Begreifens oder des kreativen Gestaltens zuerkannt, doch muss der „rasche und zielsichere Weg zum Lernergebnis" dafür zurückgestellt werden (Größing 2007, S. 195). Die **künstlerisch-pädagogische Auslegung** der Bewegungsaufgabe zielt auf das Entwickeln eigener Bewegungs- und Ausdrucksmöglichkeiten (Neuber 2002). Ausschlaggebend dafür ist die Definition von Freiheitsgraden in der Aufgabenstellung. Die pädagogische Herausforderung besteht darin, „bei der Wanderung auf dem schmalen Grat zwischen Offenheit und Lenkung weder in Beliebigkeit noch in Dirigismus zu stürzen" (Stoßberg 1984, S. 336). Neben der Differenzierung nach Geschlossenheit und Offenheit von Aufgabenstellungen werden auch im Hinblick auf die Komplexität Abstufungen vorgenommen. So zielt die sogenannte **unkonventionelle Bewegungsaufgabe** auf das Erfinden neuer, ungewohnter Bewegungsmöglichkeiten und soll zur Beschäftigung mit „Noch-nie-Gesehenem" oder „Sonst-gar-nicht-Vorkommendem" anregen (Tiedt 1991, S. 68). Zudem wird zwischen Aufgabenstellungen auf der motorischen und der darstellerischen Ebene unterschieden (vgl. Abb. 6.6).

In der **bewegungspädagogischen Auslegung** der Bewegungsaufgabe geht es nicht nur um das Finden eigener Bewegungs- und Ausdrucksmöglichkeiten, sondern auch „um die selbst ausgelegte und mitgestaltete Bewegungshandlung als Lösung des gestellten Bewegungsproblems", also um einen neuen Zugang zur Sache „Bewegung" (Laging 2006, S. 64). Das bedeutet, dass das Sich-Bewegen grundsätzlich in einem Sinnzusammenhang zu verstehen ist, der mindestens aus einem „Aktor", d. h. einem Subjekt, das sich bewegt, einer konkreten Situation, in die die Bewegungsaktion eingebunden ist, und einer Bedeutung, die die Bewegung leitet und ihr Struktur gibt, besteht (Trebels 1992). Insofern rückt die Bewegungsaufgabe „die Perspektive und den **Lernprozess des Lernenden** selbst in den Mittelpunkt der Betrachtung" (Laging 2006, S. 63). Vor dem Hintergrund dieser drei Auslegungen lässt sich die Bewegungsaufgabe als zentrale, „einheimische" Maßnahme zur Gestaltung des Sportunterrichts verstehen.

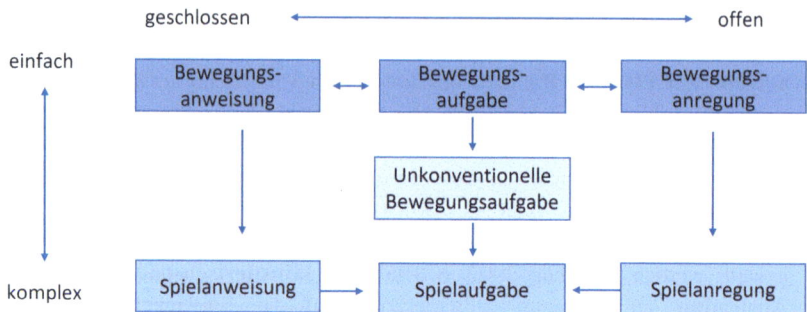

Abb. 6.6 Bewegungsaufgaben im Kontext des künstlerisch-pädagogischen Ansatzes. (Mod. nach Neuber 2000, S. 120)

Auch das **subjektorientierte Methodenverständnis** bleibt nicht ohne Kritik. Vertreter eines objektorientierten Vorgehens bemängeln beispielsweise, dass die Schülerinnen und Schüler alle induktiv entwickelten Bewegungsmuster erproben müssen, bis sie sich für die „beste Lösung" entscheiden. Das koste Zeit „und strapaziert die Geduld von Lehrer und Schülern gleichermaßen" (Söll 2005, S. 201). Etwas grundsätzlicher ist die Kritik aus bildungstheoretischer Perspektive: „Es gibt in der gegenwärtigen Pädagogik ein seltsames und unbegründetes **Techniksyndrom**. [...] Schon der Versuch, allgemeinere Einheiten und Befunde in handhabbare Verfahrens- und Kunstregeln der Erziehung und des Unterrichts umzusetzen, zieht unfehlbar den Vorwurf auf sich, mit technokratischer Kaltherzigkeit über die wahren Bedürfnisse und Motive der Lernenden hinwegzugehen und die Erzieher zu Erfüllungsgehilfen seelenloser Apparate zu machen" (Prange 1986, S. 11). Tatsächlich ist etwa die Frage nach dem Für und Wider von **methodischen Übungsreihen** nach wie vor umstritten: Ist es sinnvoll, dass Schülerinnen und Schüler mithilfe einer methodischen Reihe beispielsweise die Grundzüge der Kraul-Rollwende zügig und reibungslos lernen, oder müssen sie sich diese Bewegungsmuster in einem offenen Prozess selbst erarbeiten?

6.4 Methoden im Überblick

Methoden im Sportunterricht sind Handlungsformen, die Sportlehrkräfte nutzen, um ihren Unterricht zu steuern und damit ihre Schülerinnen und Schüler zu fördern. Im Gegensatz zu der weitgehenden curricularen Verbindlichkeit von Zielen und Inhalten bietet die Methode den Lehrerinnen und Lehrern gewisse

Entscheidungsspielräume: „Da die Methode den Inhalt erst zum Thema macht und damit über die Chancen der Zielerreichung entscheidet, ist diese Macht des Lehrers nicht gering" (Kurz 2007, S. 13). Lehrkräfte sollten sich dieser Macht bewusst sein und sie im Sinne **pädagogischer Verantwortung** nutzen. Das bedeutet auch, zu methodischen Entscheidungen – etwa zum anstrengenden Üben oder zum offenen Experimentieren – zu stehen und sie auszuhalten: „Konstruktive, verantwortungsvolle Wirkungen sind nur aus der **Unsicherheit** zu ziehen" (Erdmann 1992, S. 78). Insofern ist es nicht trivial, ob Lehrkräfte sich für eine objektorientierte Methodik entscheiden und damit im Wesentlichen der Sachlogik des normierten Sports folgen, oder ob sie einer subjektorientierten Methodik den Vorzug geben und damit die individuellen Bewegungsbedürfnisse der Kinder und Jugendlichen in den Vordergrund stellen (Köppe 2009).

Beide Entscheidungen sind tendenziell mit bestimmten Vor- und Nachteilen verbunden (vgl. Tab. 6.1). Das **objektorientierte Methodenverständnis** bezieht sich auf den Sport als gesellschaftliche Praxis und folgt damit vor allem dem „Prinzip der Sachangemessenheit" (Benner 2001). Das führt zu vergleichsweise eindeutigen Vermittlungswegen und einer hohen Transparenz des Sportunterrichts. Die Lernenden wissen, was von ihnen verlangt wird. Zugleich werden ihre individuellen Bewegungsbedürfnisse mitunter vernachlässigt, und die Sportlehrkräfte agieren oft sehr dominant. Das **subjektorientierte Methodenverständnis** setzt bei den individuellen Bewegungsbedürfnissen der Schülerinnen und Schüler an und betont damit besonders das „Prinzip der Fremdaufforderung zur Selbsttätigkeit" (Benner 2001). Die Vermittlungswege des Sportunterrichts sind offen und verständigungsorientiert. Die Beziehung zwischen Lehrenden und Lernenden ist partnerschaftlich. Das kann allerdings auch zu einer Vernachlässigung des Sports als gesellschaftlicher Praxis führen, weil Lehrkräfte im Sinne eines beschützenden Unterrichtsstils die Zumutung des Übens und Trainierens scheuen.

Tab. 6.1 Objekt- vs. subjektorientiertes Methodenverständnis (nach Köppe 2009)

Objektorientiertes Methodenverständnis	Subjektorientiertes Methodenverständnis
Orientierung am Sport als gesellschaftlicher Praxis	Berücksichtigung individueller (Bewegungs-)Bedürfnisse
Prinzip der Sachangemessenheit	Prinzip der Aufforderung zur Selbstständigkeit
Eindeutige Vermittlungswege	Offene, verständigungsorientierte Vermittlungswege
Transparenz des Sportunterrichts	Partnerschaftliche Lehrer-Schüler-Beziehung
Vernachlässigung individueller (Bewegungs-)Bedürfnisse	Vernachlässigung des Sports als gesellschaftliche Praxis
Dominanz der Sportlehrkräfte	Beschützender Unterrichtsstil

Letztlich sind Sportlehrkräfte immer gefordert, vor dem Hintergrund der Voraussetzungen und Ziele einer unterrichtlichen Handlungssituation die „richtigen" **methodischen Entscheidungen** zu treffen. Dabei kann es helfen, sich bewusstzumachen, dass sie den Unterricht je nach Situation geschlossener oder offener gestalten können (Funke 1991). Zwischen den Grundpositionen „Objektorientierung" und „Subjektorientierung" bestehen graduelle Abstufungen, die je nach Anforderung geschlossener oder offener interpretiert werden können. Ein integrativer Ansatz, der übliche dichotome Verständnisweisen überwindet, liegt in der Idee eines **methodischen Spektrums** zwischen einer geschlossenen und einer offenen unterrichtlichen Inszenierung, die auf methodische Überlegungen zur Kreativen Bewegungserziehung zurückgehen (Neuber 2010). Auf der Ebene methodischer Verfahren werden dabei ein Unterrichten durch Vorgeben, ein Unterrichten durch Aufgeben und ein Unterrichten durch Anregen unterschieden. Die Verfahren gehen auf der Ebene der methodischen Maßnahmen einher mit der Bewegungsanweisung, der Bewegungsaufgabe und der Bewegungsanregung (vgl. Tab. 6.2).

Das **Unterrichten durch Vorgeben** zielt auf die Vermittlung mehr oder weniger normierter Bewegungsformen und lässt in seiner Reinform nur eine richtige Bewegungslösung zu. Die Lehrkräfte geben diese Bewegungsform durch Bewegungsanweisungen, -erklärungen und -demonstrationen genau vor und korrigieren sie bei Bedarf. Die Arbeitsweise orientiert sich deduktiv an den vorgegebenen Bewegungsformen und ist produktorientiert. Auf der anderen Seite des Spektrums befindet sich das **Unterrichten durch Anregen**. Es zielt explizit auf eigene Formen des Sich-Bewegens und lässt damit unbegrenzt viele Lösungsmöglichkeiten zu. Die zentrale Maßnahme ist die Bewegungsanregung.

Tab. 6.2 Methodische Verfahrensweisen (nach Neuber 2010, S. 468)

Unterrichten durch Vorgeben	Unterrichten durch Aufgeben	Unterrichten durch Anregen
Normierte Bewegungsformen	Vielfältige Bewegungsformen	Eigene Bewegungsformen
Eine Lösungsmöglichkeit	Viele Lösungsmöglichkeiten	Unbegrenzte Lösungsmöglichkeiten
Bewegungsanweisungen	Bewegungsaufgabe	Bewegungsanregung
Deduktiv	Deduktiv und induktiv	Induktiv
Produktorientierung	Prozess- und Produktorientierung	Prozessorientierung

Das Vorgehen ist induktiv und prozessorientiert. Zwischen diesen beiden Extremen liegt das **Unterrichten durch Aufgaben**. Es zielt auf die Entwicklung vielfältiger Bewegungsformen ab. Im Sinne der Bewegungsaufgabe gibt es grundsätzlich mehr als eine mögliche Lösung für eine Aufgabe. Das Verfahren kann aber ebenso mit einer individuellen Bewegungsform enden, wie es zu einer objektiv sinnvollen, z. B. effektiven Bewegungsform führen kann. Damit ist das Verfahren zugleich deduktiv und induktiv sowie prozess- und produktorientiert.

Reflexionsfragen

1. Warum sind die unterrichtsmethodischen Herausforderungen im Sport besonders komplex?
2. Wodurch unterscheiden sich das autonome und didaktische Methodenverständnis?
3. Was bedeutet es, dass die Methodenmacht bei den Lehrkräften liegt?
4. Inwiefern beeinflussen die Dimensionen einer Unterrichtsmethode die konkrete Inszenierung des Unterrichts?
5. Wodurch unterscheiden sich objektorientierte und subjektorientierte Methodiken im Sport?
6. Wie ist es zu verstehen, dass die methodischen Maßnahmen die kleinsten methodischen Einheiten im Sport darstellen?
7. Wie hängen das induktive und das deduktive Verfahren mit dem synthetischen und dem analytischen Verfahren zusammen?
8. Was versteht man unter Inszenierungsformen im Sportunterricht?
9. Warum gilt die Bewegungsaufgabe als die wichtigste methodische Maßnahme im Sport?
10. Inwiefern können Sportlehrkräfte auf ein methodisches Spektrum zurückgreifen?

Literatur

Benner, D. (2001). *Allgemeine Pädagogik – eine systematisch-problemgeschichtliche Einführung in die Grundstruktur pädagogischen Denkens und Handels* (4., völlig neue bearbeitete Aufl.). Weinheim, München: Juventa.

Czwalina, C. (Hrsg.). (1988). *Methodisches Handeln im Sportunterricht – Analysen und Reflexionen zur Methodik in der Sportdidaktik*. Schorndorf: Hofmann.

Einsiedler, W. (1981). *Lehrmethoden: Probleme und Ergebnisse der Lehrmethodenforschung*. München: Urban & Schwarzberg.

Erdmann, R. (1992). Theorie ohne Praxis ist leer – Praxis ohne Theorie ist blind. Plädoyer für die Unsicherheit in zehn Thesen. In R. Erdmann (Hrsg.), *Alte Fragen neu gestellt – Anmerkungen zu einer zeitgemäßen Sportdidaktik* (S. 69–80). Schorndorf: Hofmann.

Fetz, F. (1961). *Allgemeine Methodik der Leibesübungen* (1. Aufl.). Wien: Österreich. Bundesverlag.

Fetz, F. (1988). *Allgemeine Methodik der Leibesübungen* (9. Aufl.). Frankfurt: Limpert.

Funke, J. (1991). Unterricht öffnen – offener unterrichten. *Sportpädagogik, 15*(2), 12–18.

Funke-Wieneke, J. (1995). Vermitteln – Schritte zu einem ökologischen Unterrichtskonzept. *Sportpädagogik, 19*(5),10–17.

Funke-Wieneke, J. (1997). Von der „Körpererfahrung" zur „Thematisierung der Leiblichkeit". *Sporterziehung in der Schule* (1), 19–22.

Funke-Wieneke, J. (2009). Körpererfahrung. In H. Haag, & A. Hummel (Hrsg.), *Handbuch Sportpädagogik* (2., erweiterte Auflage, S. 314–322). Schorndorf: Hofmann.

Größing, S. (2007). *Einführung in die Sportdidaktik – Lehren und Lernen im Sportunterricht* (9., überarbeitete und erweiterte Aufl.). Wiebelsheim: Limpert.

Heymen, N., & Leue, W. (2014). *Planung von Sportunterricht* (8., unveränderte Aufl.). Hohengehren: Schneider.

Köppe, G. (2009). Methoden. In H. Haag & A. Hummel (Hrsg.), *Handbuch Sportpädagogik* (2., erweiterte Aufl., S. 198–205). Schorndorf: Hofmann.

Kretschmer, J. (1997). Akzente kindgerechter Bewegungserziehung. In E. Balz & P. Neumann (Hrsg.), *Wie pädagogisch soll der Schulsport sein?* (S. 169–184). Schorndorf: Hofmann.

Kretschmer, J. (2000). Betreuen und Unterweisen. In P. Wolters, H. Ehni, J. Kretschmer, K. Scherler & W. Weichert, *Didaktik des Schulsports* (S. 121–143). Schorndorf: Hofmann.

Kurz, D. (2007). Worum geht es in einer Methodik des Sportunterrichts? In Bielefelder Sportpädagogen, *Methoden im Sportunterricht – ein Lehrbuch in 14 Lektionen* (5. Aufl., S. 9–24). Schorndorf: Hofmann.

Laging, R. (2000). *Methoden im Sportunterricht*. Sportpädagogik, 24(5), 2–9.

Laging, R. (2006). *Methodisches Handeln im Sportunterricht – Grundzüge einer bewegungspädagogischen Unterrichtslehre*. Seelze: Kallmeyer.

Laging, R. (2022). Bewegung als Aufgabe. *Zeitschrift für sportpädagogische Forschung, 10*(1), 28–51.

Meyer, H. (2009). Unterrichtsmethoden (I: Theorieband, 14. Aufl.). Berlin: Cornelsen.

Neuber, N. (2000). *Kreativität und Bewegung – Grundlagen kreativer Bewegungserziehung und empirische Befunde* (Schriften der Deutschen Sporthochschule, 45). St. Augustin: Academia.

Neuber, N. (2002). Bewegung als gestaltbares Material – Der künstlerisch-pädagogische Ansatz der Bewegungserziehung. *Sportunterricht, 51*, 363–369.

Neuber, N. (2010). Darstellen, Vorführen, Aufführen – vom Bewegungsspiel zum Bewegungstheater. In H. Lange & S. Sinning (Hrsg.), *Handbuch Methoden im Sport – Lehren und Lernen in der Schule, im Verein und im Gesundheitssport* (S. 458–476). Balingen: Spitta.

Neuber, N. (2014). Bewegungsaufgaben als Lernaufgaben? – Ansatzpunkte für eine zeitgemäße Aufgabenkultur im Schulsport. In M. Pfitzner (Hrsg.), Aufgabenkultur im Sportunterricht – Konzepte und Befunde zur Methodendiskussion für eine neue Lernkultur (Bildung und Sport, 5, S. 41–64). Wiesbaden: Springer VS.

Neuber, N. (2020). *Fachdidaktische Konzepte Sport – Zielgruppen und Voraussetzungen* (Basiswissen Lernen im Sport). Wiesbaden: Springer VS. https://doi.org/10.1007/978-3-658-28464-0.

Neuber, N. (2021). *Fachdidaktische Konzepte Sport II – Themenfelder und Perspektiven* (Basiswissen Lernen im Sport). Wiesbaden: Springer VS. https://doi.org/10.1007/978-3-658-30249-8.

Pfitzner, M. (Hrsg.). (2014). *Aufgabenkultur im Sportunterricht – Konzepte und Befunde zur Methodendiskussion für eine neue Lernkultur* (Bildung und Sport, 5). Wiesbaden: Springer VS.

Pfitzner, M., & Neuber, N. (2012). Individuelle Förderung im Sport – Didaktisch-methodische Grundlagen. In N. Neuber & M. Pfitzner (Hrsg.), *Individuelle Förderung im Sport – Pädagogische Grundlagen und didaktisch-methodische Konzepte* (Begabungsforschung, 14, S. 75–95). Münster: Lit.

Pfitzner, M., & Aschebrock, H. (2013). Aufgabenkultur – Voraussetzungen und Merkmale eines kompetenzorientierten Unterrichts. *Sportpädagogik, 37*(5), 2–6.

Pfitzner, M., & Neuber, N. (2022). Aufgabenkultur im Sport – von Lern- und Bewegungsaufgaben. In R. Sygusch, J. Hapke, S. Liebl & C. Töpfer (Hrsg.), *Kompetenzorientierung im Sport – Grundlagen, Modellentwurf und Anwendungsbeispiele* (S. 68–86). Schorndorf: Hofmann.

Prange, K. (1986). *Bauformen des Unterrichts* (2. Aufl.). Bad Heilbrunn: Klinkhardt.

Prohl, R. (2006). *Grundriss der Sportpädagogik* (2. Aufl.). Wiebelsheim: Limpert.

Prohl, R. (2022). Der Doppelauftrag des Erziehenden Sportunterrichts. In V. Scheid & R. Prohl (Hrsg.), *Sportdidaktik – Grundlagen, Vermittlungsformen, Bewegungsfelder* (3., durchgesehene und korrigierte Aufl., S. 64–84). Wiebelsheim: Limpert.

Scherer, H.-G. (1999). Lernen und Lehren von Bewegung. In B. Heinz & R. Laging (Hrsg.), *Bewegungslernen in Erziehung und Bildung* (S. 27–38). Hamburg: Czwalina.

Seybold-Brunnhuber, A. (1972). *Didaktische Prinzipien der Leibeserziehung*. Schorndorf: Hofmann.

Söll, W. (2005). *Sportunterricht – Sport unterrichten* (6., unveränderte Aufl.). Schorndorf: Hofmann.

Sportjugend NRW (1998). Didaktische Grundlagen und methodische Grundlagen (IB 5.1). In Sportjugend NRW (Hrsg.), *Jugendarbeit im Sport – Materialien zur Qualifizierung von Mitarbeiterinnen und Mitarbeitern, Band 5: Planungsaspekte von sportlichen, kulturellen und politischen Vereinsangeboten* (S. 1–140). Duisburg: Sportjugend NRW.

Stoßberg, B. (1984). Offene Bewegungsaufgaben – Möglichkeitsräume für Bewegungshandeln und Probleme ihrer Nutzung. *Sportunterricht, 33*, 335–342.

Stoßberg, B., & Datzer, E. (1985). Die Arbeit mit offenen Bewegungsaufgaben als Schlüssel zum selbständigen Gestalten im künstlerisch-pädagogischen Bereich des Sports. In H.-G. Artus (Hrsg.), *Handeln in Gymnastik/Tanz* (S. 64–100). Bremen: Hochschulverlag.

Streicher, M. (1961). Die Bewegungsaufgabe. In M. Streicher (Hrsg.), *Natürliches Turnen* (Band V, 2. Aufl.). Wien: Verlag für Jugend und Volk.

Terhart, E. (2019). *Didaktik – Eine Einführung*. Stuttgart: Reclam.

Terhart, E. (2021). *Didaktische Theorien und Modelle*. Hagen: Fernuniversität.

Tiedt, W. (1991). Bewegungstheater. In Kultusministerium NRW (Hrsg.), *Sporttheater im Verein* (Materialien zum Sport in Nordrhein-Westfalen, 32, S. 64–74). Frechen: Ritterbach.

Trebels, A. (1992). Das dialogische Bewegungskonzept – Eine pädagogische Auslegung von Bewegung. *Sportunterricht, 41,* 20–29.

Trebels, A. (1999). Sich-Bewegen: Lernen und Lehren – Anthropologisch-philosophische Orientierungen. In B. Heinz & R. Laging (Hrsg.), *Bewegungslernen in Erziehung und Bildung* (S. 39–52). Hamburg: Czwalina.

Zimmer, R. (1994). *Handbuch der Bewegungserziehung – Didaktisch-methodische Grundlagen und Ideen für die Praxis* (3. Aufl.). Freiburg: Herder.

7 Individuelle Förderung

Zusammenfassung

Dieses Kapitel befasst sich mit dem Konzept der Individuellen Förderung im Sport. Ausgehend von einem pädagogischen Verständnis von Diagnose und Förderung werden mit dem Sportförderunterricht und der Talentförderung im Sport zwei Konzepte zur individuellen Förderung *von* Sport dargestellt. Sie werden ergänzt um die Lernförderung durch Bewegung und die psychomotorische Entwicklungsförderung im Sinne einer individuellen Förderung *durch* Sport. Insgesamt wird damit ein integratives Konzept zum fachlichen und überfachlichen Lernen im Sport vorgestellt. Ein Exkurs zur Entwicklungsförderung im Sport ergänzt das Kapitel.

7.1 Einführung

Pädagogisches Handeln ist auf die Förderung von Menschen gerichtet. Ganz gleich, in welchem spezifischen Bereich man sich bewegt, die pädagogische Tätigkeit zielt immer darauf ab, „den Educanden in irgendeiner Hinsicht besser, tüchtiger, leistungsfähiger, vollkommener oder wertvoller zu machen" (Brezinka 1990, S. 90). Das gilt auch für das Feld von Bewegung, Spiel und Sport, in dem mit dem Doppelauftrag des Schulsports die **Entwicklungsförderung** sogar als eine Leitidee verankert ist (siehe Abschn. 3.3.3). Allerdings bezieht sich die Förderung hier nur auf einen Teilaspekt von Erziehung und Bildung, nämlich die Persönlichkeitsentwicklung der Schülerinnen und Schüler. Das Konzept der **Individuellen Förderung** ist weiter gefasst und bezieht auch das fachliche Lernen mit ein. Im Rahmen der Diskussionen um eine neue Lernkultur hat der

Begriff besondere Bedeutung erlangt (Fischer 2014). In der Folge nationaler und internationaler Schulleistungsuntersuchungen (z. B. PISA, TIMSS) ist er zu einem bildungspolitischen Begriff geworden, der nicht nur Einzug in zahlreiche Erlasse und Schulgesetze gefunden hat, sondern der auch die praktische Arbeit pädagogischer Einrichtungen maßgeblich beeinflusst. Die individuelle Förderung hat sich damit zu einem zentralen **Qualitätsmerkmal „guten Unterrichts"**, wenn nicht sogar „guter Schule" entwickelt.

Die Förderidee bezog sich zunächst nur auf Kinder und Jugendliche mit besonderen Förderbedarfen, z. B. mit Lernschwierigkeiten oder Zuwanderungsgeschichte. Mittlerweile hat sich das Verständnis aber erweitert. Das Konzept der **Individuellen Förderung** zielt heute darauf ab, „jeder Schülerin und jedem Schüler [...] die Chance zu geben, ihr bzw. sein motorisches, intellektuelles, emotionales und soziales Potenzial umfassend zu entwickeln [...] und sie bzw. ihn dabei durch geeignete Maßnahmen zu unterstützen" (Eckert 2016, S. 97). Die Förderung steht dabei in einem engen Bezug zur **individuellen Diagnose,** mit deren Hilfe die jeweils passende Fördermaßnahme bestimmt werden soll. Spätestens mit diesem umfassenden Verständnis wird die individuelle Förderung auch für den Sport interessant, nicht zuletzt, weil sie neben besonderen **Förderbedarfen** auch besondere **Talente** thematisiert (Pfitzner und Neuber 2020). In Ergänzung zum Erziehenden Sportunterricht bietet der Ansatz gute Anknüpfungspunkte im Sinne eines integrativen fachdidaktischen **Konzepts großer Reichweite** (siehe Abschn. 5.3), das anschlussfähig an die schulpädagogische Förderdebatte ist. Der Umgang mit Stärken und Schwächen, Kompetenzen und Defiziten von Schülerinnen und Schülern sollte allerdings wohlüberlegt sein.

7.2 Grundbegriffe

Das Konzept der Individuellen Förderung basiert auf einem engen Zusammenspiel von Diagnose und Förderung. Eine **Diagnose** dient der möglichst objektiven Erfassung von Lernprozessen und Lernergebnissen, um auf dieser Basis das individuelle Lernen der Schülerinnen und Schüler zu verbessern (Ingenkamp und Lissmann 2008). Die pädagogische Diagnostik zielt also nicht vorrangig auf die Notenvergabe. Mit dem Begriff der **Förderung** wird im weitesten Sinne die Unterstützung des Lernens und der Persönlichkeitsentwicklung von Kindern und Jugendlichen verstanden (Fischer 2014). Die **individuelle Förderung** greift dieses Verständnis auf und bezieht explizit die jeweils individuellen Bedürfnisse und Voraussetzungen jeder einzelnen Schülerin und jedes einzelnen Schülers mit ein (Kunze 2016, S. 19). Dahinter steht die Idee der **Potenzialorientierung,** die dazu beitragen soll, die individuellen Fähigkeiten und Begabungen – das Potenzial eines Menschen – bestmöglich zu entfalten. Damit ist die Überzeugung verbunden, dass *jeder* Mensch Potenziale hat, die es zu entdecken und fördern gilt (Fischer und Fischer-Ontrup 2020).

Während die individuelle Förderung fachliches und überfachliches Lernen gleichermaßen einbezieht, betont die **Entwicklungsförderung** das überfachliche Lernen bzw. die Persönlichkeitsentwicklung von Heranwachsenden (Neuber 2007). In diesem Sinne wird der Begriff auch im Doppelauftrag für den Schulsport verstanden. Beide Förderabsichten unterliegen in der Schule dem Problem, dass sich Lehrkräfte in größeren Lerngruppen nur bedingt auf einzelne Schülerinnen und Schüler konzentrieren können. In methodischer Hinsicht kommt daher der **Differenzierung** eine zentrale Bedeutung zu, d. h. dem Einsatz möglichst passgenauer Maßnahmen und Aufgaben für jede Schülerin und jeden Schüler (Heymann 2010). Eng damit verbunden ist die **Individualisierung** des Unterrichts, d. h. das Verfolgen individueller Lernziele und -wege. Letztlich kann das in schulischen Lerngruppen nur gelingen, wenn die Schülerinnen und Schüler Verantwortung für ihren eigenen Lernprozess übernehmen. Im Sinne **selbstregulierten Lernens** „planen, überwachen und kontrollieren [dabei] Lernende selbstständig ihren Lernprozess und nehmen somit eine aktive Rolle ein" (Fischer und Fischer-Ontrup 2020, S. 227).

7.3 Grundlagen

Der Begriff der individuellen Förderung ist in der Folge des „PISA-Schocks" zu Beginn der 2000-er Jahre binnen kurzer Zeit zu einem zentralen bildungspolitischen Begriff geworden. Damit reagieren Bildungspolitik und Bildungswissenschaft auf massiv veränderte **Rahmenbedingungen von Bildung und Unterricht** (Fischer 2014). Demografischer Wandel und Zuwanderung, soziale Modernisierungsprozesse und neue Arbeitsmarktstrukturen führen nicht nur zu immer heterogeneren Lerngruppen, sondern auch zu gewandelten Kompetenzerwartungen an die heranwachsende Generation (siehe Abschn. 2.3). Hinzu kamen zu Beginn der 2020-er Jahre die massiven Lernrückstände von Kindern und Jugendlichen in der Folge der **Corona-Pandemie.** Zahlreiche, mitunter überstürzt entwickelte „Aufholpakete" setzten explizit auf die Idee der individuellen Diagnose und Förderung, um die Lücken in den sogenannten Hauptfächern möglichst schnell zu schließen (Zierer 2021). Tatsächlich zielt die individuelle Förderung „auf die optimale Gestaltung individueller Lernprozesse, sodass

Fördern und Lernen unmittelbar zusammenhängen" (Fischer 2014, S. 25). **Pädagogischer Erfolg** lässt sich allerdings nicht linear planen, geschweige denn methodisch kontrollieren. Zudem ist es wenig hilfreich, das Lernen auf wenige kognitive Lerngegenstände zu reduzieren und alle anderen Entwicklungsbereiche, etwa körperliche und soziale, auszublenden (Laging 2017).

Auch wenn das Konzept der **Individuellen Förderung** aktuell Konjunktur hat, ist die Idee nicht neu. Schon immer waren „engagierte Lehrerinnen und Lehrer bemüht, sich dem einzelnen Schüler, der einzelnen Schülerin zuzuwenden, sie als autonome, einzigartige und eigenwillige Persönlichkeiten anzunehmen, sie auf ihrem nicht immer leichten Weg durch die Schule hin zum Erwachsensein zu begleiten und zu unterstützen" (Kunze und Solzbacher 2016, S. 9). Dabei ging der Begriff zunächst eher vom Lehrenden aus: „Man kann jemanden fördern (ein Talent, einen Hilfebedürftigen) oder man kann eine Sache fördern (eine Schule, eine karitative Einrichtung, ein ideelles Anliegen), aber man kann sich nicht selbst fördern. Fördern unterstellt also **Unterstützungsbedürftigkeit**" (Kunze 2016, S. 22). Gleichwohl wird eine individuelle Förderung im Klassenverband kaum gelingen, wenn Schülerinnen und Schüler nicht selbst Verantwortung für ihren Lernprozess übernehmen. Entsprechend gewinnt die Idee des **selbstregulierten Lernens** „zunehmend an Bedeutung, zumal dieses Format den Anspruch erfüllt, dass die Lernumgebung die Lernenden als ihre Hauptbeteiligten anerkennt, ihre aktive Beteiligung fördert und bei ihnen ein Verständnis für die eigene Aktivität als Lernende entwickelt" (Fischer und Fischer-Ontrup 2020, S. 227). Vor diesem Hintergrund lässt sich der Begriff definieren.

▶ **Individuelle Förderung** umfasst alle Handlungen von Lehrerinnen und Lehrern sowie von Schülerinnen und Schülern, „die mit der Intention erfolgen bzw. die Wirkung haben, das Lernen der einzelnen Schülerin/des einzelnen Schülers unter Berücksichtigung ihrer/seiner spezifischen Lernvoraussetzungen, -bedürfnisse, -wege, -ziele und -möglichkeiten zu unterstützen" (Kunze 2016, S. 22).

Im Sinne pädagogischen Handelns findet die individuelle Förderung in einem **interaktiven Vermittlungsverhältnis** zwischen Lehrkräften und Schülerinnen und Schülern statt, das mit Kompetenz-, Wissens- und Machtunterschieden einhergeht. Das Verhältnis ist spannungsreich, die prinzipielle Asymmetrie ist unhintergehbar (siehe Abschn. 3.3). Üblicherweise zielt pädagogisches Handeln zudem auf eine größere Lerngruppe, was bedeutet, dass Lehrkräfte zur Gestaltung ihres Handelns auf allgemeingültige, mehr oder weniger abgesicherte **Regeln** zurückzugreifen müssen. Andererseits erfordert die Unterschiedlichkeit der Schülerinnen und Schüler die Berücksichtigung der besonderen Bedingungen des **Einzelfalls,** der sich keiner allgemeinen Regel unterordnen lässt. Die individuelle Förderung bewegt sich damit prinzipiell in einem Spannungsverhältnis zwischen abstraktem Regelwissen und konkretem Fallbezug (Helsper, 2010), wobei der jeweils individuelle Einzelfall in diesem Konzept den Vorrang hat.

▶ **Literaturtipp** Fischer, C. (2014). *Individuelle Förderung als schulische Herausforderung.* Berlin: Friedrich-Ebert-Stiftung.

In dieser Expertise gibt Christian Fischer einen komprimierten Überblick zum Konzept der Individuellen Förderung in Deutschland, wobei er auch auf die Inklusionsdebatte, auf Qualifizierungsmöglichkeiten sowie auf internationale Perspektiven eingeht.

Beschränkte sich die individuelle Förderung in der Schule zunächst auf den sogenannten Förderunterricht, so wird sie im Sinne individualisierten Lernens mittlerweile auch im Regelunterricht eingesetzt (Graumann 2008). Vor dem Hintergrund der Heterogenitätsdebatte in der Schule (Neuber 2020, S. 93–114) soll die individuelle Förderung damit zur **Bildungsgerechtigkeit** beitragen. Sie zielt sowohl auf leistungsschwächere Schülerinnen und Schüler mit spezifischen Beeinträchtigungen als auch auf leistungsstärkere Schülerinnen und Schüler mit spezifischen Begabungen (Fischer und Fischer-Ontrup 2020, S. 223). Die Förderung kann damit sowohl im **Ausgleich von Defiziten,** z. B. der Überwindung von Lernblockaden, als auch im Ausbau von Kompetenzen, z. B. dem **Erwerb besonderer Expertise,** liegen. Allerdings führt das Ansetzen bei den Defiziten oder Kompetenzen der Lernenden zu einer unterschiedlichen Ausgestaltung der Förderangebote. Während Vertreter der **Defizithypothese** den Fokus auf die Kompensation von Schwächen legen, wie etwa im klassischen Förderunterricht, betonen Anhänger der **Kompetenzhypothese** das Entwicklungspotenzial der Schülerinnen und Schüler (Neuber 2020, S. 40). Vor diesem Hintergrund lassen sich die beiden Kernbegriffe „Diagnose" und „Förderung" näher bestimmen.

▶ **Diagnose** bedeutet, „dass anhand vorgegebener Kategorien, Begriffe oder Konzepte geurteilt wird – etwa Aussagen darüber, wie leistungsfähig, kompetent, motiviert, aggressiv oder ängstlich jemand ist" (Helmke 2003, S. 92). Der pädagogische Nutzen diagnostisch gewonnener Informationen liegt in der Überprüfung und Steuerung unterrichtlichen Handelns.

Insofern wird eine pädagogische Diagnostik als Bestandteil des Unterrichtens verstanden. Lehrerinnen und Lehrer vollbringen vielfach **diagnostische Leistungen,** sowohl implizit während des Unterrichtens als auch als „punktuelle, vom unmittelbaren Unterrichtsgeschehen abgehobene und explizite Formen der Informationsgewinnung und -verarbeitung" (Schrader 1989, S. 16). Diagnose hat nur mittelbar etwas mit der Bewertung der Schülerinnen und Schüler im Sinne der Notenvergabe zu tun. Vorrangig ist ihre Bedeutung für das unterrichtliche Handeln der Lehrkräfte. Entsprechend wird auch von Förderdiagnostik gesprochen (Arnold et al. 2008). In der Unterrichtsforschung wird **diagnostische Kompetenz** heute in einem weiten Sinne verstanden. Dazu gehört neben diagnostischen Kenntnissen und Fertigkeiten vor allem die Kompetenz, die Fähigkeiten der Schülerinnen und Schüler sowie die Aufgabenschwierigkeit angemessen einschätzen zu können (Schrader und Helmke 2001).

▶ **Förderung** gilt als pädagogischer Begriff, der „eine positive Konnotation aufweist und mit dem […] eine besondere Wertschätzung von gemeinsamem Lernen, Akzeptanz von Vielfalt sowie eine spezifische berufsethische Haltung der Lehrerinnen und Lehrer verbunden" ist (Hanke 2010, S. 1). Eine Förderung zielt im weitesten Sinne auf die Unterstützung von Menschen.

Das Zusammenspiel von Diagnose und Förderung wird im Rahmen von **Förderkonzepten** als zirkulärer Prozess betrachtet. Dabei dient „die Diagnose der kontinuierlichen Feststellung individueller Lernausgangslagen, während die Förderung die systematische Umsetzung passender Lernangebote fokussiert" (Fischer und Fischer-Ontrup 2020, S. 226). Im Idealfall können so für jede Schülerin und jeden Schüler individuelle Lernziele und -wege formuliert und ein individueller Lern- und Förderplan entwickelt werden. Charakteristisch dafür ist eine Haltung der **Potenzialorientierung** mit dem Ziel, eine optimale „Entwicklung und Entfaltung von leistungsbezogenen Fähigkeits- und Persönlichkeitspotenzialen" bei jedem Kind und jedem Jugendlichen zu erreichen (Fischer und Fischer-Ontrup 2020, S. 227). Lehrerinnen und Lehrer stehen diesem Anliegen prinzipiell positiv gegenüber, allerdings mangelt es oft an einer entsprechenden Einbindung in Schulentwicklungsprozesse. Die **Lern- und Unterrichtskultur** vieler Schulen orientiert sich noch immer stark an der Idee der klassischen „Lernschule" (Knauder und Reisinger 2017). Insofern bleibt es oft Aufgabe der einzelnen Lehrkraft, „durch geeignete Diagnostik, wertschätzende Beratung und Moderation den Schülerinnen und Schülern [zu] helfen, ihren eigenen Lernweg zu finden" (Oefner et al. 2009, S. 9). Diese Aufgabe stellt sich auch in Bezug auf den Schulsport.

7.3 Grundlagen

Fachdidaktische Konzepte zur individuellen Förderung im Sport sind noch Mangelware. Zunächst wurde nur ein Konzept zur Diagnostik und individuellen Förderung im Sportunterricht der Sekundarstufen I und II entwickelt (Oefner et al., 2009). Gleichwohl bietet sich die Idee der individuellen Förderung als integratives Konzept für den Schulsport an, wenn man verschiedene fachdidaktische Ansätze kombiniert (Neuber und Pfitzner 2012; Pfitzner und Neuber 2012a). Den Ausgangspunkt dafür bilden die zwei Aufgaben pädagogischen Handelns im Sport und damit der Doppelauftrag für den Schulsport (siehe Kap. 1 und Abschn. 3.3.3). Ausgehend von einer Erziehung *zum* Sport kann sich die Förderabsicht einerseits auf die **individuelle Förderung *von* Bewegung, Spiel und Sport** beziehen. Im Vordergrund stehen dann motorische Fähigkeiten und Fertigkeiten der Schülerinnen und Schüler. Andererseits kann sich die Förderabsicht im Sinne einer Erziehung *durch* Sport auf die **individuelle Förderung *durch* Bewegung, Spiel und Sport** konzentrieren. Dann stehen übergreifende Fähigkeiten, z. B. Grundfunktionen des Lernens, oder Persönlichkeitsmerkmale im Vordergrund. In beiden Fällen kann der Zugang eher defizit- oder kompetenzorientiert sein (vgl. Tab. 7.1). Diese Matrix kann als Ausgangspunkt für eine **fachdidaktische Analyse und Einordnung** genutzt werden. Dafür werden im Folgenden vier ausgewählte Konzepte zur individuellen Förderung im Sport vorgestellt.

7.3.1 Individuelle Förderung von Sport

Ein Konzept der Individuellen Förderung, bei dem motorische Fähigkeiten und Fertigkeiten im Vordergrund stehen, ist der **Sportförderunterricht**. Seine Wurzeln liegen im „Orthopädischen Schulturnen", das zu Beginn des 20. Jahrhunderts zur Förderung von Kindern mit körperlichen Leistungsschwächen entstand. Daraus entwickelte sich nach dem Zweiten Weltkrieg das

Tab. 7.1 Fachdidaktische Ansatzpunkte zur individuellen Förderung von und durch Bewegung, Spiel und Sport. (Mod. nach Pfitzner und Neuber 2012a, b, S. 78)

	Individuelle Förderung von Bewegung, Spiel und Sport	Individuelle Förderung durch Bewegung, Spiel und Sport
Individuelle Defizite als Ausgangspunkt	Sportförderunterricht	Lernförderung durch Bewegung, Spiel und Sport
Individuelle Kompetenzen als Ausgangspunkt	Talentförderprogramme	Psychomotorische Entwicklungsförderung

"Schulsonderturnen" (Cwierdzinski 2003). Mit Beginn der 1980-er Jahre wurde der Begriff parallel zur Entwicklung der Psychomotorik durch den Begriff "Sportförderunterricht" abgelöst. Das **Ziel des Sportförderunterrichts** „ist es, Kinder mit besonderen Förderbedürfnissen durch speziell ausgebildete Lehrkräfte zu unterrichten" (Tiemann und Hofmann 2010, S. 106). Neben dem Regelunterricht sollen diese zusätzlichen unterrichtlichen Angebote zur Prävention und **Kompensation körperlicher Leistungsschwächen** sowie motorischer, psychomotorischer und psychosozialer Auffälligkeiten beitragen. Ausgehend von einem biomedizinischen Grundverständnis gilt es, die Ursachen körperlicher Inaktivität zu erkennen, um den Teufelskreis „Inaktivität – funktionelle Unterbelastung – Abnahme der Organleistungsfähigkeit – vermehrte Inaktivität" zu durchbrechen (Rusch und Weineck 2007, S. 30).

Diese funktionale Argumentation ist eingebettet in eine defizitäre Wahrnehmung des Aufwachsens von Kindern in modernen Gesellschaften (z. B. Dordel 2007, S. 26–42), die einer kulturpessimistischen Grundhaltung entspringt (Neuber 2020, S. 35–38). Gleichwohl bietet der Ansatz Möglichkeiten für eine individuelle Förderung von Heranwachsenden. Sportlehrkräfte mit einer **Zusatzqualifikation** im Sportförderunterricht „sind im Rahmen ihrer Ausbildung auf die individuelle Förderung umfangreich vorbereitet worden. Sie verfügen über die nötigen diagnostischen Kenntnisse, können eine Fördermaßnahme planen und evaluieren und sind für den Umgang mit Heterogenität ausgebildet" (Kurth und Klein 2017, 75). Übungen und Spielformen werden in der Regel in **Kleingruppen** angeboten. Dazu sollen die Lehrkräfte eine vertrauensvolle Atmosphäre schaffen, in der sich die Kinder und Jugendlichen „mit ihren Wünschen und Schwächen angenommen fühlen" (Kurth und Klein 2017, S. 72). Im Sinne der Kompensation von Defiziten geht das Konzept methodisch zumeist **deduktivgeschlossen** vor, in Spielphasen sind aber auch offenere Vorgehensweisen möglich. Neuere Ansätze im Rahmen des inklusiven Schulsports diskutieren eine Umbenennung des Sportförderunterrichts beispielsweise in „Gemeinsamer Unterricht".

Das zweite sportbezogene Konzept ist die **Talentförderung im Sport.** Als sportliches Talent wird „eine Person aufgefasst, die sich noch in frühen Phasen der Entwicklung zu ihrer individuellen Höchstleistung befindet und der das Potenzial für die künftige Entwicklung besonders hoher Leistungen und Erfolge im Spitzensport zugeschrieben wird" (Güllich 2022, S. 766). Ausgehend von dem Potenzial, das ein Talent mitbringt (Talentfaktoren), entwickelt sich die **sportliche Exzellenz** in spezifischen, eng umrissenen Feldern (Exzellenzbereiche) über einen Prozess der Auseinandersetzung mit Umweltfaktoren sowie mit nicht kognitiven und nicht somatischen Persönlichkeitsmerkmalen (Seidel 2011) (vgl. Abb. 7.1). Diese Form der Talentförderung bezieht sich auf die normierten, olympischen Sportarten. Der Sachbezug ist daher eng und der Vermittlungsbezug in aller Regel geschlossen-deduktiv. Zumindest in Individualsportarten wird auch hier tendenziell eher in Kleingruppen gearbeitet. Neuere Ansätze gehen über diesen engen sportlichen Talentbegriff hinaus und heben das besondere Potenzial von **Bewegungstalenten** in nicht olympischen Feldern, wie Einradfahren oder Bewegungstheater, sowie von **sozialen Talenten,** etwa als Sporthelfer oder Schiedsrichterin, hervor (Pfitzner und Neuber 2020).

Im Gegensatz zu anderen Unterrichtsfächern gehört die Talentförderung im Sport nicht zu den Aufgaben der Schule. Die Zuständigkeit für den **Leistungs- und Spitzensport** liegt bei den Sportvereinen und -verbänden, die in ihrem Handeln unabhängig vom Staat sind (Krüger 2019, S. 194–198). Vor dem Hintergrund der föderalen Grundstruktur des organisierten Sports hat das zu mehr oder weniger komplexen **Unterstützungssystemen des Leistungssports** mit „Sportbetonten Schulen", „Eliteschulen des Sports" oder „Partnerschulen des Leistungssports" geführt (Güllich, 2022). Dabei sollen die Schulen in der Regel nur eine gute Vereinbarkeit von Schule und Leistungssport sicherstellen. Insofern wurde bislang wenig Augenmerk auf die Chancen des Schulsports für die **Talenterkennung und -förderung** gelegt. Das Leitbild der individuellen Förderung beinhaltet durchaus Ansatzpunkte für eine sportbezogene Talentförderung in der Schule (Bohn et al. 2010, S. 296–297). Auch die **Ganztagsschule** bietet Möglichkeiten einer leistungssportlichen Förderung, die bislang kaum genutzt werden, obwohl die individuelle Förderung zu den Kernideen der Ganztagsschule zählt (Kielblock et al. 2020). Darüber hinaus könnte die Schule auch im Sinne des erweiterten Talentbegriffs tätig werden und gezielt Bewegungstalente oder soziale Talente fördern.

7.3.2 Individuelle Förderung durch Sport

Ein erstes Konzept zur Förderung *durch* Sport ist die **Lernförderung durch Bewegung.** Zusammenhänge zwischen Bewegung und Lernen sind seit Langem bekannt. Bereits Anfang der 1980-er Jahre belegte beispielsweise eine Studie die Wirkung von Bewegungsangeboten auf die Intelligenzentwicklung von Kindern im Vorschulalter (Zimmer 1981). Auch zwischen körperlicher Aktivität und schulischem Lernen konnten vielfach Zusammenhänge festgestellt werden. So gehen **lerntherapeutische Ansätze** davon aus, dass schulische Lernstörungen, z. B. Lese-Rechtschreib- oder Rechenschwächen, durch gezielte Bewegungsübungen behandelt werden können (Matthes 2009). Allerdings sind

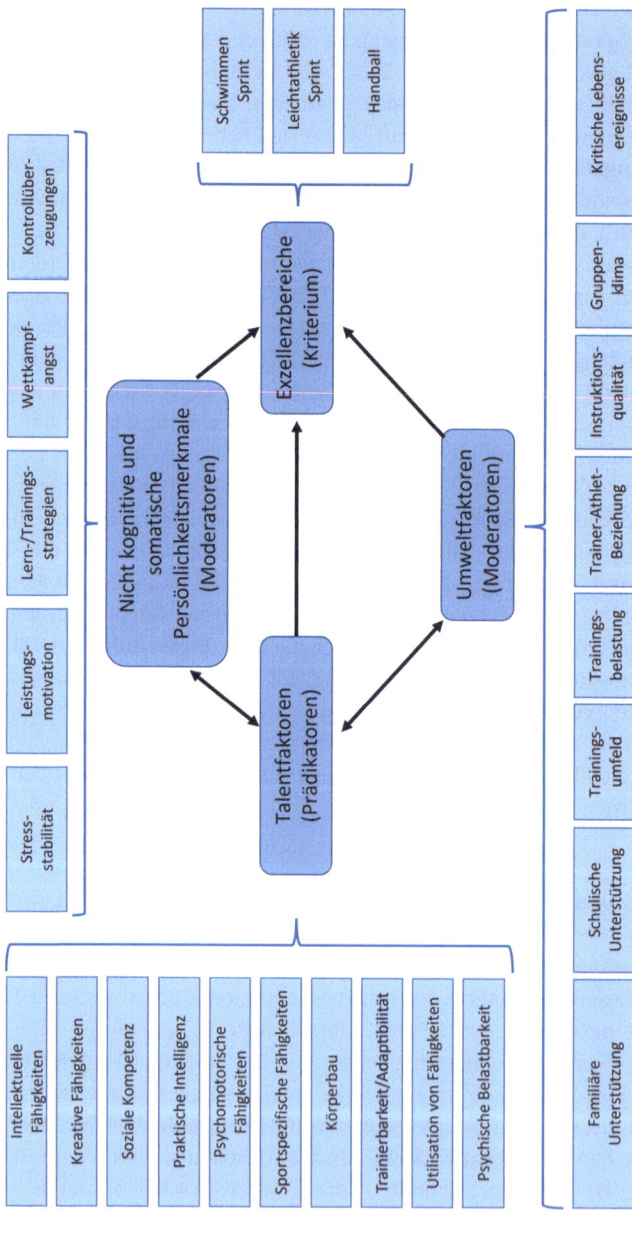

Abb. 7.1 Modell des sportlichen Talents. (Mod. nach Seidel 2011, adaptiert nach Hohmann 2009)

7.3 Grundlagen

die Wirkungen lerntherapeutischer Interventionen wissenschaftlich kaum belegt. Bei **neurophysiologischen Ansätzen** ist das anders. Zahlreiche Untersuchungen belegen Korrelationen zwischen motorischen Aktivitäten, z. B. koordinativen Aufgaben oder Ausdauerleistungen, und kognitiven Aspekten des Lernens und der Schulleistung. Dabei rücken zunehmend die exekutiven Funktionen in den Fokus des Interesses (Boriss 2015).

▶ **Exekutive Funktionen** sind kognitive Kontrollprozesse, die immer dann erforderlich sind, wenn kognitive Automatismen für die Bewältigung einer Aufgabe nicht mehr ausreichen. Dazu zählen insbesondere das Arbeitsgedächtnis, die Inhibitionsfähigkeit und die kognitive Flexibilität (vgl. Abb. 7.2).

Den exekutiven Funktionen wird eine Schlüsselfunktion für das Verhältnis von Bewegung und Lernen zugeschrieben. Zum einen lassen sie sich gut durch Bewegung fördern (Barenberg et al. 2011), zum anderen besteht ein hoher Zusammenhang zwischen exekutiven Funktionen und schulischen Leistungen (Best et al. 2011). Mittlerweile liegen auch mehrere Studien im **schulischen Kontext** vor, d. h. der Ansatz wurde vom Labor in die Praxis übertragen. Das Angebot zielt auf die Förderung exekutiver Funktionen durch Bewegungs- und Sportangebote mit kognitivem Anspruch und damit letztlich auf die **Selbstregulationsfähigkeit** der Schülerinnen und Schüler. Methodisch ist das Konzept eher geschlossen-deduktiv angelegt, wobei der kognitive Anspruch jeweils

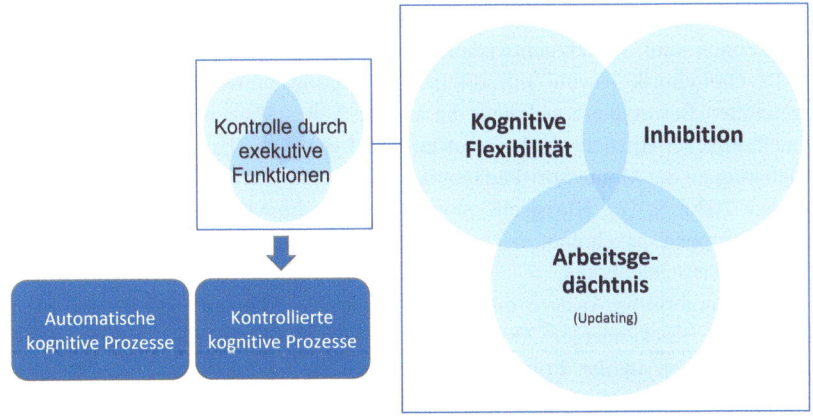

Abb. 7.2 Exekutive Funktionen des Lernens. (Mod. nach Eckenbach 2017, S. 14)

gesteigert werden kann (Pfitzner und Eckenbach 2017; Pfitzner et al. 2021). Zudem können die Aufgaben nicht nur im Sportunterricht, sondern auch im **Klassenunterricht** angeboten werden (Eckenbach und Ludwig 2021). Letztlich konnte damit auch der defizitäre lerntherapeutische Ansatz überwunden werden. Das Konzept zielt also auf die individuelle Förderung aller Schülerinnen und Schüler. In diesem Sinne ist „Lernen und Bewegung" mittlerweile ein wichtiges Thema der Schulsportentwicklung (Neuber 2017).

▶ **Literaturtipp** Eckenbach, K. (2017). *Games for Brains – Spielerische Lernförderung durch Bewegung.* Seelze: Kallmeyer.
Auf der Grundlage aktueller Forschungsergebnisse stellt Karin Eckenbach in ihrem Buch zahlreiche Praxisbeispiele zur Förderung exekutiver Funktionen durch Bewegung, Spiel und Sport vor.

Ein zweiter Ansatz zur individuellen Förderung durch Bewegung ist das Konzept der **psychomotorischen Entwicklungsförderung.** Es ist explizit kompetenzorientiert ausgerichtet und geht von einer engen Verschränkung psychischer und physischer Prozesse aus (siehe Abschn. 5.3.2). Bewegungshandeln wird als Entwicklungshandeln verstanden (Fischer 2019). Wesentliche Bezugspunkte der psychomotorischen Entwicklungsförderung sind **Wahrnehmung und Bewegung.** Die Leitidee der Psychomotorik ist die Entwicklung einer harmonischen Persönlichkeit durch Bewegung und Spiel (Zimmer 2019). Das bedeutet, dass die Vermittlung sportlicher Fertigkeiten in den Hintergrund tritt: „Hier geht es vielmehr um das Kind, das über Bewegung Gelegenheit erhält, sich selbst zu erproben, seinen Körper zu erfahren, seine Fähigkeiten zu erkennen und weiterzuentwickeln" (Zimmer 1996, S. 75). Dafür arbeitet die Psychomotorik sowohl mit offenen Bewegungslandschaften als auch mit angeleiteten Bewegungsangeboten, die auf die Selbsttätigkeit der Kinder setzen. In methodischer Hinsicht wird eine **offen-induktive Arbeitsweise** verfolgt, die in Anlehnung an die Montessori-Pädagogik als Hilfe zur Selbsthilfe verstanden wird (Neuber 2020, S. 42). Klassische mototherapeutische Maßnahmen werden eher in Kleingruppen, psychomotorische Angebote in der Schule dagegen eher für die gesamte Klasse angeboten.

Psychomotorische Ansätze gibt es heute für alle Altersgruppen bis ins hohe Lebensalter (Köckenberger 2003). Im Schulsport kommt das Konzept jedoch im Wesentlichen in der Primarstufe zum Einsatz. Die psychomotorische Entwicklungsförderung bietet gute Anknüpfungspunkte im Sinne der individuellen

7.4 Individuelle Förderung im Überblick

Förderung, weil sie die **Selbsttätigkeit der Kinder** in der Auseinandersetzung mit vorgefundenen Bewegungsaufgaben oder Spielarrangements anspricht (Zimmer 2019). Dabei setzt die psychomotorische Entwicklungsförderung vorrangig bei den Kompetenzen der Kinder an. Dabei geht es der Psychomotorik allerdings weniger um eine Förderung fachlichen Lernens als vielmehr um eine **kindzentrierte Entwicklungsförderung** im Sinne einer positiven Identitätsentwicklung (Zimmer 2019, S. 44). So bildet sie zugleich eine Brücke zum schulsportlichen Diskurs um die Entwicklungsförderung durch Bewegung, Spiel und Sport.

Entwicklungsförderung im Sport
Der Begriff der Entwicklungsförderung kommt ursprünglich aus der Heil- und Förderpädagogik und gelangte über die Psychomotorik in die sportpädagogische Debatte um einen Erziehenden Sportunterricht (Neuber 2007, S. 18–22). Schon früh entwarfen Dietrich und Landau (1990) eine **entwicklungsorientierte Sportpädagogik**, die auf einer Verknüpfung entwicklungspsychologischer und sozialisationstheoretischer Ansätze basierte. Prohl (1999) entwickelte das Konzept einer **Bewegungserziehung als Entwicklungsförderung**, das auf einer Verschränkung von individuellen und umweltbedingten Entwicklungsfaktoren beruht. Der Entwicklungsverlauf wird dabei als hochgradig individuell verstanden, gleichwohl bezieht er allgemeine Entwicklungsaufgaben ein. Der Ansatz einer **bewegungszentrierten Entwicklungsförderung** von Funke-Wieneke (2004) kommt dagegen zu dem Schluss, „den Entwicklungsbezug aus fachlicher Sicht primär in der Bewegungsentwicklung zu suchen und nicht von vornherein auf die allgemeine Entwicklungsförderung abzuheben" (Funke-Wieneke (2004, S. 172). Eine allgemeine Förderung könne bestenfalls indirekt, über die Förderung der Bewegungsentwicklung, stattfinden.

Neuere Konzepte greifen die Figur der Entwicklungsaufgabe dagegen wieder auf. So bezieht der Ansatz der **Entwicklungsförderung im Jugendalter** die Entwicklungsaufgabe auf Konzepte der pädagogischen Jugendforschung. Gefragt wird nach dem spezifischen Beitrag, den Bewegung, Spiel und Sport zur Bewältigung subjektiv und objektiv bedeutsamer Entwicklungsaufgaben im Jugendalter leisten können (Neuber 2007). Das Konzept der **Entwicklungsaufgabe** steht dabei für die spezifischen Anforderungen eines Individuums im Spannungsfeld von psychophysischen Voraussetzungen, soziokulturellen Anforderungen sowie individuellen Zielen und Werten, die im Übergang vom einen zum nächsten Lebensabschnitt zu bewältigen sind (vgl. Abb. 7.3). In diesem übergreifenden Sinn bildet die **Entwicklungsförderung durch Bewegung, Spiel und Sport** seit der 2000-er Lehrplanreform in NRW die eine Seite des Doppelauftrags für den Schulsport. Das pädagogische Handeln von Sportlehrkräften zielt auf die Selbstgestaltungsfähigkeit des Individuums im Sinne von Bildung (Beckers 2001). Warum dafür der Begriff der Entwicklungsförderung gewählt wurde, kann letztlich nicht mehr geklärt werden. Die Entwicklungsförderung gehört aber mittlerweile ebenso wie der Entwicklungsbegriff selbst zu den etablierten sportpädagogischen Termini (Neuber und Scheid 2021).

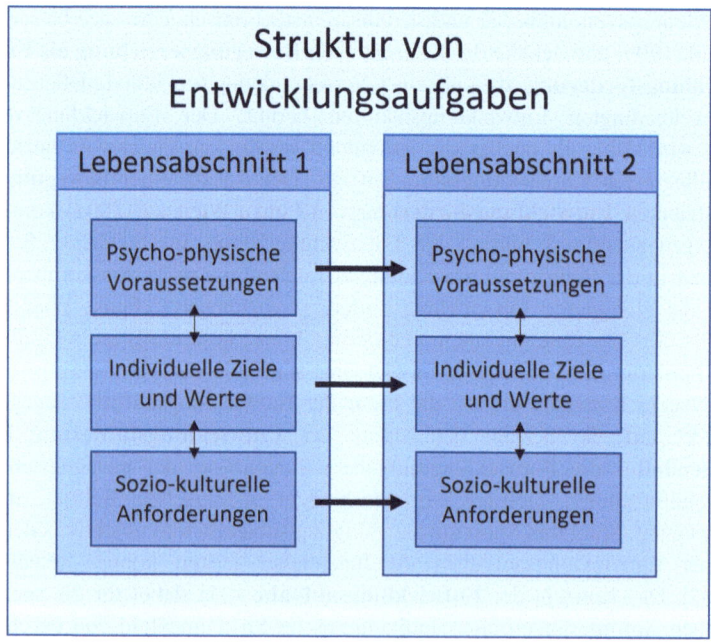

Abb. 7.3 Struktur von Entwicklungsaufgaben. (Mod. nach Neuber 2007, S. S. 56)

7.4 Individuelle Förderung im Überblick

Die individuelle Förderung hat sich innerhalb weniger Jahre zu einem Ansatz mit weitreichendem Einfluss in der **schulpädagogischen Diskussion** entwickelt. Die Idee, jedes Kind und jeden Jugendlichen nach seinen individuellen Möglichkeiten und Begabungen zu fördern und dadurch sein Potenzial bestmöglich zu entfalten, hat ihren Weg bis in die Schulgesetze der Länder gefunden (z. B. MSB NRW 2022) und beeinflusst die schulische Praxis mittlerweile auf vielen Ebenen (Fischer et al. 2017). Für den Schulsport bietet die individuelle Förderung in Ergänzung zum Erziehenden Sportunterricht ein **integratives Konzept,** das fachliches und überfachliches Lernen im Sport verbindet und zudem anschlussfähig an die allgemeine schulpädagogische Debatte ist. Darüber hinaus lassen sich aktuelle Diskurse zum Umgang mit Heterogenität, etwa zur sonderpädagogischen Förderung oder zur inklusiven Begabungsförderung, in diesen Ansatz integrieren (Neuber und Pfitzner 2021). Fasst man die verschiedenen konzeptionellen Ansätze zusammen, ergibt sich eine Matrix, die zwischen einer **individuellen Förderung** *von* und *durch* Bewegung, Spiel und Sport einerseits sowie einem defizit- oder kompetenzorientierten Zugang andererseits differenziert (Tab. 7.1). Die vier exemplarisch ausgewählten fachdidaktischen Konzepte können vergleichend gegenübergestellt werden (Tab. 7.2).

Der **Sportförderunterricht** zielt auf die Kompensation motorischer Leistungsschwächen sowie psychomotorischer und psychosozialer Auffälligkeiten (Dordel 2007). Dazu greift er auf Übungs- und Spielformen zur Kompensation dieser Defizite zurück. Methodisch arbeitet der Ansatz zumeist geschlossen-deduktiv in Kleingruppen. Die **Talentförderung im Sport** unterstützt sportliche Talente auf ihrem Weg zur Höchstleistung im Rahmen des verbandlichen Wettkampfsystems (Güllich 2022). Inhaltlich befasst sie sich mit dem normierten Wettkampfsport und wird entsprechend deduktiv-geschlossen in kleinen Gruppen vermittelt. Neuere Ansätze beziehen sich auch auf allgemeine Bewegungstalente und soziale Talente (Pfitzner und Neuber 2020).

Die **Lernförderung durch Bewegung** ging ursprünglich von Lernschwierigkeiten aus und versuchte, diese lerntherapeutisch zu behandeln. Heute zielt der Ansatz vor allem auf die Selbstregulationsfähigkeit durch die Förderung exekutiver Funktionen über Bewegungs- und Sportangebote mit kognitivem Anspruch (Pfitzner et al. 2021). Methodisch wird meist geschlossen-deduktiv mit steigenden kognitiven Ansprüchen gearbeitet. Die **psychomotorische Entwicklungsförderung** hat die Förderung durch Wahrnehmung und Bewegung zum

Tab. 7.2 Fachdidaktische Konzepte zur individuellen Förderung im Sport im Überblick

	Sportförderunterricht	Talentförderung im Sport	Lernförderung durch Bewegung	Psychomotorische Entwicklungsförderung
Vertreter	Siegrid Dordel Andrea Kurth	Arne Güllich Michael Pfitzner	Karin Eckenbach Nils Neuber	Klaus Fischer Renate Zimmer
Leitidee	Kompensation motorischer Leistungsschwächen sowie psychomotorischer und psychosozialer Auffälligkeiten	Förderung von Talenten im Sport	Förderung exekutiver Funktionen des Lernens	Entwicklungsförderung durch Wahrnehmung und Bewegung
Sachbezug	Übungen und Spielformen zur Kompensation von Defiziten und Auffälligkeiten	Normierter Wettkampfsport, offene Bewegungsfelder	Bewegung, Spiel und Sport mit kognitivem Anspruch	Bewegung und Spiel
Vermittlungsbezug	Geschlossen-deduktiv; Kleingruppenarbeit	Geschlossen-deduktiv oder offen-induktiv je nach Ausrichtung	Geschlossen-deduktiv mit Steigerungspotenzial	Offen-induktiv; Hilfe zur Selbsthilfe

Ziel und greift dafür auf offene und angeleitete Bewegungs- und Spielangebote zurück (Zimmer 2019). Der methodische Ansatz ist offen-induktiv im Sinne einer Hilfe zur Selbsthilfe.

Die Zusammenschau der ausgewählten fachdidaktischen Konzepte zeigt zum einen die **inhaltliche und methodische Breite** der individuellen Förderung im Sport. Zum anderen wird deutlich, dass nicht alle Ansätze in ihrer ursprünglichen Form schultauglich sind, vor allem, weil sie oft mit kleinen Lerngruppen arbeiten. Für die Anwendung im schulischen Kontext sind daher spezifische methodische Überlegungen erforderlich. Die sportdidaktische **Methodendiskussion** ist durch zwei polarisierende Zugänge gekennzeichnet: Zum einen finden sich Ansätze, die vorwiegend an der Sache „Sport" orientiert sind und entsprechend deduktiv-analytisch vorgehen. Zum anderen gibt es Ansätze, die sich am „Subjekt"

7.4 Individuelle Förderung im Überblick

orientierten; diese Zugänge sind eher induktiv-ganzheitlich ausgerichtet (siehe Kap. 6). Diese dichotome Gegenüberstellung kann durch die **methodischen Dimensionen** von Terhart (2019) im Hinblick auf die individuelle Förderung im Sport differenziert werden. So gibt die „Dimension Rahmung" in der Schule vor, dass üblicherweise eine Lehrkraft für rund 30 Schülerinnen und Schüler zuständig ist. Die Dimension „Zielerreichung" definiert im Sinne kompetenzorientierter Lehrpläne Regelstandards für alle Lernenden, sodass individuelle Zielsetzungen nicht einfach zu vereinbaren sind (Pfitzner und Neuber 2012b, S. 79–85).

Eine individuelle Förderung im Schulsport ist daher nur möglich, wenn es didaktisch-methodische Anpassungen gibt. Dazu bedarf es insbesondere der Differenzierung und Individualisierung. Die **Differenzierung** gehört im Sportunterricht zu den zentralen methodischen Maßnahmen für heterogene Lerngruppen, wobei es im Wesentlichen um die Binnendifferenzierung geht, also die Differenzierung innerhalb einer Lerngruppe. **Binnendifferenzierung** kann mit Heymann (2010, S. 7) als ein Sammelbegriff für alle didaktischen, methodischen und organisatorischen Maßnahmen definiert werden, „die im Unterricht innerhalb einer Schulklasse […] getroffen werden können, um der Unterschiedlichkeit der Schüler […] besser gerecht zu werden als in einem überwiegend gleichschrittigen, tendenziell ‚uniformierenden' Unterricht". Zur Systematisierung binnendifferenzierender Maßnahmen im Unterricht schlägt Heymann (2010, S. 8–9) eine Betrachtung auf einem Kontinuum zwischen „offenen" und „geschlossenen Maßnahmen" vor (vgl. Abb. 7.4).

Geschlossene binnendifferenzierende Maßnahmen sind solche, bei denen die Lehrkraft einzelnen Schülerinnen und Schülern auf der Basis einer individuellen Diagnose jeweils ihren Lernweg zuweist. Damit wird zwar eine hohe Individualisierung erreicht, sie ist allerdings nur in spezifischen Settings einsetzbar, z. B. in der Lerntherapie. In einer solchen Eins-zu-Eins-Situation greift das „Behandlungs-Diagnose-Modell", das schnell zu einer „Überforderungsfalle" für Lehrkräfte in der Schule führen kann (Heymann 2010). **Offene Binnendifferenzierungen** umgehen die Überforderungsfalle, indem Lehrkräfte ihren Schülerinnen und Schülern Lernarrangements bereitstellen, die sie selbstständig nutzen können, die die Lernenden bei ihren individuellen Lernwegen begleiten und unterstützen und ihnen differenziertes Feedback geben. Die **Individualisierung** des Unterrichts erfordert Lernangebote, aus denen die Schülerinnen und Schüler nach individuellen Präferenzen wählen, die Abfolge von Arbeitsschritten individuell festlegen und Prozesse des Neulernens, Übens und Wiederholens zunehmend eigenverantwortlich steuern (Pfitzner und Neuber 2012b, S. 86–92). Auf dieser Grundlage lassen sich **didaktische Empfehlungen**

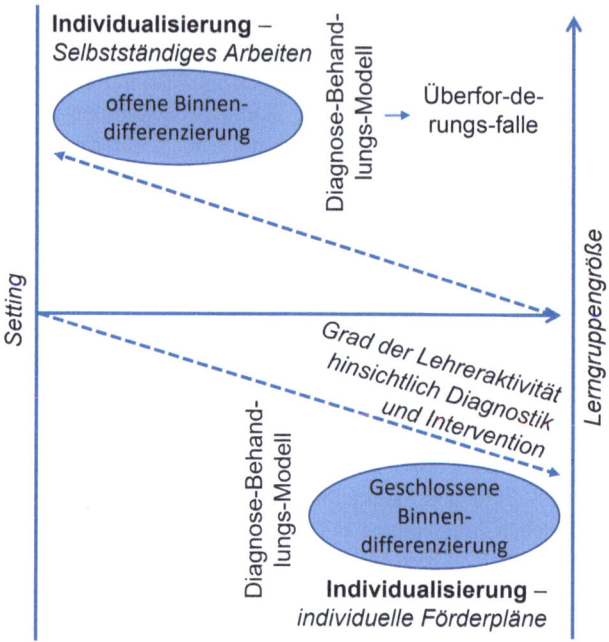

Abb. 7.4 Individualisierung des Unterrichts. (Mod. nach Heymann 2010, S. 8–9)

ableiten, etwa zur Ausbildung der Methodenkompetenz von Lernenden, zur Lernbegleitung von Lehrkräften oder zu einer veränderten Rolle der Lernenden, die Verantwortung für ihren eigenen Lernprozess übernehmen müssen (Pfitzner und Neuber 2012a).

Reflexionsfragen
1. Warum ist die individuelle Förderung ein Merkmal guten Unterrichts?
2. Inwiefern sind für das Gelingen der individuellen Förderung Lehrende und Lernende gleichermaßen gefordert?
3. Was wird unter einer pädagogischen Diagnostik verstanden?
4. Wie hängt die individuelle Förderung mit der Idee der Potenzialorientierung zusammen?
5. Warum bietet sich das Konzept der Individuellen Förderung als integratives Konzept für den Schulsport an?

6. Wodurch unterscheiden sich Konzepte einer Individuellen Förderung *von* Sport und Konzepte einer Individuellen Förderung *durch* Sport?
7. Welche Formen der Talentförderung im Sport gibt es?
8. Warum ist „Lernen und Bewegung" ein wichtiges Thema für die Schulsportentwicklung?
9. Wieso können nicht alle Konzepte der Individuellen Förderung im Sport im Sportunterricht angewendet werden?
10. Wodurch unterscheiden sich geschlossene und offene Formen der Binnendifferenzierung?

Literatur

Arnold, K.-H., Graumann, O., & Rakhkochkine, A. (2008). *Handbuch Förderung – Grundlagen, Bereiche und Methoden der individuellen Förderung von Schülern*. Weinheim, Basel: Beltz.

Barenberg, J., Berse, T., & Dutke, S. (2011). Executive functions in learning processes: Do they benefit from physical activity? *Educational Research Review, 6*(3), 208–222.

Beckers, E. (2001). Sportpädagogik und Erziehungswissenschaft. In H. Haag & A. Hummel (Hrsg.), *Handbuch Sportpädagogik* (S. 25–33). Schorndorf: Hofmann.

Best, J. R., Miller, P. H., & Naglieri, J. A. (2011). Relations between executive function and academic achievement from ages 5 to 17 in a aarge, representative national sample. *Learning and Individual Differences, 21*(4), 327–336.

Bohn, C., Brach, M., Krüger, M., & Pfitzner, M. (2010). Der Beitrag des Sportunterrichtes zur Talenterkennung im Kontext individueller Förderung. *Sportunterricht, 59*, 297–301.

Boriss, K. (2015). *Lernen und Bewegung im Kontext der individuellen Förderung – Förderung exekutiver Funktionen in der Sekundarstufe I*. Wiesbaden: Springer VS.

Brezinka, W. (1990). *Grundbegriffe der Erziehungswissenschaft – Analyse, Kritik, Vorschläge* (5., verbesserte Aufl.). München, Basel: Reinhardt.

Cwierdzinski, P. (2003). Sportförderunterricht aktuell. Das Stiefkind des Schulsports? *Sportpädagogik, 27*(3), 44–47.

Dietrich, K., & Landau, G. (1990). *Sportpädagogik*, Reinbek: Rowohlt.

Dordel, S. (2007). *Bewegungsförderung in der Schule. Handbuch des Sportförderunterrichts* (5. Aufl.). Dortmund: Modernes Lernen.

Eckenbach, K. (2017). *Games for Brains – Spielerische Lernförderung durch Bewegung*. Seelze: Kallmeyer.

Eckenbach, K., & Ludwig, K. (2021). *KlassenSpiele: Classroom Games for Superbrains. Lernförderung durch Bewegungspausen*. Hannover: Kallmeyer.

Eckert, E. (2016). Individuelles Fördern. In H. Meyer (Hrsg.), *Was ist guter Unterricht?* (15. Aufl., S. 86–103). Berlin: Cornelsen.

Fischer, C. (2014). *Individuelle Förderung als schulische Herausforderung*. Berlin: Friedrich-Ebert-Stiftung.

Fischer, C., Fischer-Ontrup, C., Käpnick, F., Mönks, F.-J., Neuber, N., & Solzbacher, C. (Hrsg.). (2017). *Potenzialentwicklung. Begabungsförderung. Bildung der Vielfalt*.

Beiträge aus der Begabungsförderung (Begabungsförderung: Individuelle Förderung und Inklusive Bildung, 4). Münster: Waxmann.

Fischer, C., & Fischer-Ontrup, C. (2020). Diagnosebasierte Individuelle Begabungsförderung und Talententwicklung. In C. Fischer, C. Fischer-Ontrup, F. Käpnick, N. Neuber, C. Solzbacher & P. Zwitserlood (Hrsg.), *Begabungsförderung, Leistungsentwicklung, Bildungsgerechtigkeit – für alle! Beiträge aus der Begabungsforschung* (S. 223–239). Münster, New York: Waxmann.

Fischer, K. (2019). *Einführung in die Psychomotorik* (4., überarbeitete und erweiterte Aufl.). München: Reinhardt.

Funke-Wieneke, J. (2004). *Bewegungs- und Sportpädagogik: Wissenschaftstheoretische grundlagenzentrale Ansätze – entwicklungspädagogische Konzeption* (Bewegungspädagogik, 1). Hohengehren: Schneider.

Graumann, O. (2008). Förderung und Heterogenität – Die Perspektive der Schulpädagogik. In K.-H. Arnold, O. Graumann & A. Rakhkochkine (Hrsg.), *Handbuch Förderung – Grundlagen, Bereiche und Methoden der individuellen Förderung von Schülern* (S. 16–25). Weinheim, Basel: Beltz.

Güllich, A. (2022). Talente im Sport. In A. Güllich & M. Krüger (Hrsg.), *Sport – Das Lehrbuch für das Sportstudium* (2. Aufl., S. 761–796). Berlin: Springer Spektrum.

Hanke, P. (2010). Einleitung. In P. Hanke, G. Möwes-Butschko, A. K. Hein, D. Berntzen & A. Thieltges (Hrsg.), *Anspruchsvolles Fördern in der Grundschule* (S. 1–8). Münster: ZfL.

Helmke, A. (2003). *Unterrichtsqualität erfassen, bewerten, verbessern*. Seelze: Kallmeyer.

Helsper, W. (2010). Pädagogisches Handeln in den Antinomien der Moderne. In H.-H. Krüger & W. Helsper (Hrsg.), *Einführung in Grundbegriffe und Grundfragen der Erziehungswissenschaft* (9. Aufl., S. 15–34). Wiesbaden: VS.

Heymann, H. (2010). Binnendifferenzierung – eine Utopie? Pädagogischer Anspruch, didaktisches Handwerk, Realisierungschancen. *Pädagogik, 62*(11), 6–11.

Hohmann, A. (2009). *Entwicklung sportlicher Talente an sportbetonten Schulen. Schwimmen, Leichtathletik, Handball*. Petersberg: Imhof.

Ingenkamp, K., & Lissmann, U. (2008). *Lehrbuch der pädagogischen Diagnostik* (8. Aufl.). Weinheim, Basel: Beltz.

Kielblock, S., Arnoldt, B., Fischer, N., Gaiser, J. M., & Holtappels, G. (Hrsg.). (2020). *Individuelle Förderung an Ganztagsschulen – Forschungsergebnisse der Studie zur Entwicklung von Ganztagsschulen (StEG)*. Weinheim, Basel: Juventa.

Knauder, H., & Reisinger, C.-M. (2017). Aspekte des Verständnisses von individueller Förderung seitens der Lehrerinnen und Lehrer an Grundschulen – Eine quantitative Inhaltsanalyse. In H. Knauder & C.-M. Reisinger (Hrsg.), *Individuelle Förderung im Unterricht – Empirische Befunde und Hinweise für die Praxis* (S. 11–24). Münster: Waxmann.

Köckenberger, H. (Hrsg.). (2003). *Psychomotorik – Ansätze und Arbeitsfelder*. Dortmund: Modernes Lernen.

Krüger, M. (2019). *Einführung in die Sportpädagogik* (4., neubearbeitete und aktualisierte Aufl.). Schorndorf: Hofmann.

Kunze, I. (2016). Begründungen und Problembereiche individueller Förderung in der Schule – Vorüberlegungen zu einer empirischen Untersuchung. In I. Kunze & C. Solzbacher (Hrsg.), *Individuelle Förderung in der Sekundarstufe I und II* (5., aktualisierte Aufl., S. 15–32). Hohengehren: Schneider.

Kunze, I., & Solzbacher, C. (Hrsg.). (2016). *Individuelle Förderung in der Sekundarstufe I und II* (5., aktualisierte Aufl.). Hohengehren: Schneider.

Kurth, A., & Klein, D. (2017). Sportförderunterricht aktuell – zwischen Inklusion und individueller Förderung. *Sportunterricht, 66,* 71–76.

Laging, R. (2017). *Bewegung in Schule und Unterricht – Anregungen für eine bewegungsorientierte Schulentwicklung.* Stuttgart: Kohlhammer.

Matthes, G. (2009). *Individuelle Lernförderung bei Lernstörungen – Verknüpfung von Diagnostik, Förderplanung und Unterstützung des Lernens.* Stuttgart: Kohlhammer.

MSB NRW (Ministerium für Schule und Bildung NRW). (2022). *Schulgesetz für das Land Nordrhein-Westfalen.* Abgerufen am 29.12.2022 unter: https://www.schulministerium. nrw/schulgesetz-fuer-das-land-nordrhein-westfalen.

Neuber, N. (2007). *Entwicklungsförderung im Jugendalter – Theoretische Grundlagen und empirische Befunde aus sportpädagogischer Perspektive* (Wissenschaftliche Schriftenreihe des Deutschen Olympischen Sportbundes, 35). Schorndorf: Hofmann.

Neuber, N. (2017). Bildung und Bewegung – Zum Zusammenhang von Lernen und Bewegung in der Schule. In C. Fischer, C. Fischer-Ontrup, F. Käpnick, F.-J. Mönks, N. Neuber & C. Solzbacher (Hrsg.), *Potenzialentwicklung. Begabungsförderung. Bildung der Vielfalt. Beiträge aus der Begabungsforschung* (S. 105–118). Münster: Waxmann.

Neuber, N. (2020). *Fachdidaktische Konzepte Sport – Zielgruppen und Voraussetzungen* (Basiswissen Lernen im Sport). Wiesbaden: Springer VS. https://doi.org/https://doi.org/10.1007/978-3-658-28464-0.

Neuber, N., & Pfitzner, M. (Hrsg.). (2012). *Individuelle Förderung im Sport – Pädagogische Grundlagen und didaktisch-methodische Konzepte* (Begabungsforschung, 14). Münster: Lit.

Neuber, N., & Pfitzner, M. (2021). Inklusive Begabungsförderung im Sport. In C. J. Kiso & S. Fränkel (Hrsg.), *Inklusive Begabungsförderung in den Fachdidaktiken – Diskurse, Forschungslinien und Praxisbeispiele* (S. 96–110). Bad Heilbrunn: Klinkhardt.

Neuber, N., & Scheid, V. (2021). Entwicklungstheoretische Ansätze. In E. Balz, S. Reuker, V. Scheid & R. Sygusch (Hrsg.), *Sportpädagogik – Eine Grundlegung* (S. 77–89). Stuttgart: Kohlhammer.

Oefner, J., Erlemeyer, R., & Staack, A. (2009). *Fördern und Fordern – Diagnostik und individuelle Förderung im Sportunterricht der Sekundarstufen I und II.* Arnsberg: Bezirksregierung.

Pfitzner, M., & Eckenbach, K. (2017). Bewegung und Lernen – Förderung exekutiver Funktionen in der Schulpraxis. In C. Fischer, C. Fischer-Ontrup, F. Käpnick, F.-J. Mönks, N. Neuber & C. Solzbacher (Hrsg.), *Potenzialentwicklung. Begabungsförderung. Bildung der Vielfalt – Beiträge aus der Begabungsforschung* (S. 137–148). Münster: Waxmann.

Pfitzner, M., & Neuber, N. (2012a). Individuelle Förderung – Fachdidaktische Konzepte, Bedingungen und didaktische Empfehlungen. *Sportpädagogik, 35*(5), 2–8.

Pfitzner, M., & Neuber, N. (2012b). Individuelle Förderung im Sport – Didaktisch-methodische Grundlagen. In N. Neuber & M. Pfitzner (Hrsg.), *Individuelle Förderung im Sport – Pädagogische Grundlagen und didaktisch-methodische Konzepte* (S. 75–95). Münster: Lit.

Pfitzner, M., & Neuber, N. (2020). Talente im Sport – Neue Perspektiven zur leistungssportlichen Förderung junger Athletinnen und Athleten. In C. Fischer, C. Fischer-Ontrup, F. Käpnick, N. Neuber, C. Solzbacher & P. Zwitserlood, P. (Hrsg.), *Begabungsförderung, Leistungsentwicklung, Bildungsgerechtigkeit – für alle! Beiträge aus der Begabungsförderung* (S. 155–173). Münster: Waxmann.

Pfitzner, M., Neuber, N., Eckenbach, K., Liersch, J., Ludwig, K., & Aschebrock, K. (2021). Lernförderung durch Bewegung – Die Auswirkungen von Bewegung auf das exekutive System und Potenziale für einen lernförderlichen Sportunterricht. *Sportpädagogik, 45*(1), 2–8.

Prohl, R. (1999). *Grundriß der Sportpädagogik*. Wiebelsheim: Limpert.

Rusch, H., & Weineck, J. (2007). *Sportförderunterricht – Lehr- und Übungsbuch zur Förderung der Gesundheit durch Bewegung* (6., überarbeitete und erweiterte Aufl.). Schorndorf: Hofmann.

Schrader, F.-W. (1989). *Diagnostische Kompetenzen von Lehrern und ihre Bedeutung für die Gestaltung und Effektivität des Unterrichts*. Frankfurt: Lang.

Schrader, F.-W., & Helmke, A. (2001). Alltägliche Leistungsbeurteilung durch Lehrer. In F. E. Weinert (Hrsg.), *Leistungsmessungen in Schulen* (S. 45–58). Weinheim, Basel: Beltz.

Seidel, I. (2011). Trends in der Talentforschung und Talentförderung. *Leistungssport* (2), 19–23.

Terhart, E. (2019). *Didaktik - Eine Einführung*. Stuttgart: Reclam.

Tiemann, H., & Hofmann, A. R. (2010). Vom Sportförderunterricht zum Sportunterricht in inklusiven Settings. In H. Lange & S. Sinning (Hrsg.), *Handbuch Methoden im Sport* (S. 107–116). Balingen: Spitta.

Zierer, K. (2021). *Ein Jahr zum Vergessen – Wie wir die Bildungskatastrophe nach Corona verhindern*. Freiburg: Herder.

Zimmer, R. (1981). *Motorik und Persönlichkeitsentwicklung bei Kindern im Vorschulalter*. Schorndorf: Hofmann.

Zimmer, R. (1996). Psychomotorik in der Grundschule. In M. Polzin (Hrsg.), *Bewegung, Spiel und Sport in der Grundschule – Fachliche und fächerübergreifende Orientierung* (S. 70–81). Frankfurt: AK Grundschule.

Zimmer, R. (2019). *Handbuch Psychomotorik – Theorie und Praxis der psychomotorischen Förderung von Kindern* (14. Aufl.). Freiburg: Herder.

The manufacturer's authorised representative in the EU is Springer Nature Customer Service Centre GmbH, Europaplatz 3, 69115 Heidelberg, Germany. If you have any concerns regarding our products, please contact ProductSafety@springernature.com

Printed and bound by CPI Group (UK) Ltd, Croydon, CR0 4YY

23/03/2026

02076467-0001